Sagen aus Ostpreußen

Sagen aus Ostpreußen

Herausgegeben von
Ernst-Otto Luthardt

FLECHSIG

Für Ingeborg

Umwelthinweis:
Dieses Buch und der Umschlag wurden auf chlorfrei
gebleichtem Papier gedruckt.
Die Einschrumpffolie – zum Schutz vor Verschmutzung –
ist aus umweltverträglichem und recyclingfähigem PE-Material.

Wir danken allen Rechteinhabern für die Erlaubnis zu
Nachdruck und Abbildung.

© Verlagshaus Würzburg GmbH & Co. KG
Originalausgabe: FLECHSIG Buchvertrieb
Printed in Germany 2005
ISBN 3–88189–584–1

INHALTSVERZEICHNIS

Aus dem alten Preussenland

König Widewuto

Es waren in alten Heidenzeiten zwei Brüder im Lande Preußen, bevor es noch diesen Namen führte. Diese waren auf Flößen an das Ostseegestade gefahren gekommen, hatten das Land eingenommen und sich mit ihrem Volk Wohnsitze gebaut.

König Widewuto erfand den berauschenden Met und sein Bruder Bruteno diente den Göttern als oberster Priester. Beide wurden hochbetagt. Da Bruteno 132 Jahre alt geworden, Widewuto aber 116 Jahre, versammelten sie all ihr Volk zu einem großen Opferfesttag und verteilten das Land.

Widewutos ältester Sohn hieß Lithuo. Der empfing das Land von Briko und Nyemo (Bug und Niemen), den beiden Flüssen, und dieses Gebiet wurde dann nach ihm Litauen genannt.
Hierauf empfing Widewutos zweiter Sohn, Samo geheißen, das Land von Krono und Hailibo bis an das Wasser Skara und dieses Gebiet wurde hernach Samland genannt.
Samo hatte ein Weib, die hieß Pregolla. Sie ist später in dem Fluss Skara ertrunken und der Fluss hat den Namen Pregel erhalten.
Widewutos übrige Söhne, deren noch zehn waren, empfingen allzumal auch weites Land, darinnen ein jeder Raum hatte, um zu herrschen.
Bruteno aber, der ja den Göttern als Priester diente, hatte keine Söhne. Aber nach ihm wurden Land und Volk genannt: Brutenien und Brutenen.
Aber die Masowier, der Brutenen Feinde, hießen sie Bruti. Darüber entspann sich ein Krieg, denn die Brutenen wollten sich nicht Bruti, was „wilde Bestien" heißt, beschimpfen lassen.
Die Masowier lenkten schließlich ein und nannten die Brutenen „prudentes" und „praesci". Das bedeutet „die Gescheiten".
Daraus ist dann der Name Pruski und Preußen geworden. Und dieser Name hat den Brutenen gefallen. Sie haben ihn vor allen anderen liebgewonnen und beibehalten.

Widewuto opfert sich selbst

Nachdem König Widewuto zu hohen Jahren gelangt war und das Land an seine Söhne verteilt hatte, fühlte er, dass er nicht mehr kühnlich gegen die Feinde stehen könne.

Da ließ er nahe der heiligen Eiche zu Romowe einen Holzstoß schichten und Tieropfer darbringen.

Er selber aber stand in allem Glanz seiner Königswürde. Er goss eine Schale voll Met einer schwarzen Kuh zwischen die vergoldeten Hörner und sprach vor dem Volk ein Gebet zu den Göttern: „Dich, Donnerer Perkunos, dich, Pikollos, Gott des Totes, dich, Potrimbos, Gott der Schlachten, rufe ich an, dass euer Auge auf mich sich lenke und senke. Auf mich, den König, der seinem Volk sich selbst zum Opfer darbringt, damit es siege und in Ruhm und Ehren fortbestehe für alle Zeiten!"

Und als der König diese Worte gesprochen, stürzte er sich in die Flammenlohe.

 Übrigens ...

Die Wissenschaft ist sich nicht einig, ob es wirklich einen heiligen Hain namens Romowe gegeben hat oder ob diese Bezeichnung der Sammelname für alle altpreußischen Kultstätten gewesen ist. Im westlichen Samland gab es eine Ortschaft namens Rummowe, die später in Romehnen umbenannt wurde.

Die rätselhafte Figur aus rötlichem Granit steht heute im Allensteiner Burghof

Die heilige Eiche zu Romowe

In der Mitte des Landes der alten Preußen, nämlich in Nadrauen, befand sich einst ein Ort, der Romowe genannt wurde. Hier wohnte einst ein Mann namens Kriwe. Den verehrten die Preußen wie einen Papst. Denn wie der Papst die allgemeine christliche Kirche regiert, so wurden nach jenes Wink und Befehle nicht nur die preußischen Völkerschaften, sondern auch die Litauer und anderen livländischen Völker regiert.

Nach einem Sieg brachten diese Völker ihren Göttern ein Opfer dar. Und von allem, was sie erbeutet hatten, schenkten sie den dritten Teil dem genannten Kriwe, der daraus ein Brandopfer machte.
Die Opferstätte befand sich in Romowe bei einer uralten Eiche, die von allen heiligen Eichen des Preußenlandes am meisten in Ehren gehalten wurde. Der Baum maß sechs Ellen im Durchmesser, seine Äste waren ungeheuer breit und so dicht, dass weder Schnee noch Regen hindurchdringen konnten. Was aber am meisten zu bewundern war: Er blieb sowohl im Sommer als auch im Winter grün.

Die Götter, welche dort verehrt wurden, waren drei und hießen Perkunos, Pikollos und Potrimpos. Perkunos war der vornehmste, der Gott des Donners. Er war von mittelmäßigem Alter, sein Bart und seine Haare waren kraus und schwarz, mit Feuerflammen gekrönt. Das Angesicht war feuerrot, aufgeblasen und zornig.

Pikollos war der Gott des Todes. Er war ein langer, alter Mann mit einem grauen Bart. Das Gesicht war von bleicher Totenfarbe, das Haupt von einem Tuch umwunden. Er schaute von unten nach oben.

Potrimpos war der Gott des Getreides und des Krieges. Er war ein junger Mann und schaute das Bild des Perkunos mit einem fröhlich lachenden Gesicht an. Einen Bart besaß er nicht, aber sein Antlitz war mit Kornähren gekrönt.

Diese Götter wurden mit allerlei Gaben und Geschenken verehrt; am angenehmsten war ihnen das Blut der Feinde.

Selbst die Eiche besaß so große Wunderkräfte, dass ein Mensch oder sogar ein Stück Vieh, welches von ihren Blättern eines am Hals trug, dadurch von allem Unglück bewahrt wurde.

Sie hat noch lange zu Ordenszeiten gestanden und die Preußen beteten sie auch dann noch an, als sie schon längst zu Christen geworden waren. Deshalb ließ sie der Hochmeister Winrich von Kniprode auf Bitten des ermländischen Bischofs umhauen.

Aber wenn nun auch die Eiche zerstört war, hörte man – wahrscheinlich auf Anstiften des Teufels, der die Preußen wieder zum Heidentum verführen wollte – gar oft um denselben Ort grausame Ungewitter, Donner und Blitz und ein Sausen und Stürmen, als wenn die Zweige und das Laub des Baumes noch wehten. Dabei ließen sich allerlei schreckliche Gestalten blicken, welche bald aussahen wie Menschen, bald wie Waldschrate, bald wie Drachen oder Schlangen.

Da endlich ließen fromme Leute auf diesem Ort das Kloster der Heiligen Dreifaltigkeit bauen. Doch auch dort spukte es noch lange, bis man einen Teufelsbanner holte, welcher ein Kruzifix aus reinem Gold und einen dreieckigen Ring, auf welchem er vielerlei geheimnisvolle Worte einritzte, anfertigte. Beide Stücke vergrub er unter dem Eckstein der Kirche.

Die Stadt Romowe und auch das Kloster sind längst untergegangen.

Als aber im Jahre 1700 der Herr von Kitlitz in Groß Waldeck, dem das Land gehörte, einige Mauerstücke der Klosterruine abbrechen ließ, fand man dort das Kruzifix und den Ring. Der Herr von Kitlitz schenkte den Fund der Stadt Königsberg. Die Worte, die auf dem Ring geschrieben standen, konnte aber niemand entziffern.

 **Übrigens ...**
Die altpreußische Landschaft Nadrauen, ursprünglich als Nadrowe oder
Nadrowia bekannt, umfasste das Gebiet des oberen Pregels mit seinen
Quellflüssen Inster, Angerapp und Rominte.

Die Strafe des Perkunos

Die Litauer berichten folgende Ursache davon, dass das Pferd selbst auf der fettesten Weide ununterbrochen frisst, das Rind aber, bald gesättigt, mit Gemächlichkeit wiederkäut und die Verdauung abwartet.

In der Zeit, als die Tiere noch reden konnten, wandelte Perkunos einst in der Gestalt eines Reisenden umher.

Er traf zuerst auf das stolze Pferd und bat dieses, ihm den Weg nach einem Fluss zu zeigen. Das Pferd antwortete jedoch hochmütig: „Ich habe keine Zeit, dir den Weg zu zeigen. Ich muss fressen."

In der Nähe des Pferdes aber weidete ein Rind. Dieses hatte das Begehr des Fremden kaum gehört, als es ihm schon zurief: „Komm und folge mir. Ich werde dir den Weg nach dem Fluss zeigen."

Da sagte Perkunos zum Pferd: „Weil du des Fressens wegen dir nicht Zeit genommen hast, mir einen Liebesdienst zu erweisen, sollst du zur Strafe nimmer satt werden."

Zum Ochsen aber sprach der Gott: „Du gutmütiges Tier sollst gemächlich deinen Hunger stillen und dann der Ruhe pflegen können, weil du bereit warst, mir zu dienen."

Die jetzigen Litauer aber haben das, was ihre Altvordern von Perkunos, dem Donnergott, berichten, auf den Heiland Jesus Christus bezogen.

 **Übrigens ...**
In Ostpreußen gab es mehrere Dörfer, die mit ihrem Namen Perkuiken an den alten Preußengott erinnerten. Und auch in Litauen lebte dieser in den Ortsnamen Perkunlauken und Perkunischken fort.

Uralte Eichen im Land der dunklen Wälder

Heiligenbeil

Neben der Eiche zu Romowe stand die heiligste Eiche im Land an jener Stelle, wo heute das Städtchen Heiligenbeil liegt. Widewuto selbst, der erste König der Preußen, hatte sie geheiligt.

Sie war so groß wie die Eiche zu Romowe und gleich dieser grünte sie im Winter wie im Sommer. In ihr wohnte Kurcho, ein Gott des Essens und des Trinkens. Sein Bildnis wurde alle Jahre zerbrochen und dann, nachdem die Früchte eingesammelt waren, wieder neu gemacht; wie er denn auch nach abgeschlossener Ernte ganz besonders verehrt wurde.

Solche Abgötterei dauerte bis zu den Zeiten des ermländischen Bischofs Anselmus. Dieser begab sich an den Ort dieses Baumes und predigte wider denselben und ermahnte die Leute, sich von ihrem Götzendienst abzukehren.

Als er damit nichts auszurichten vermochte, befahl er einen seiner Begleiter, die Eiche zu fällen. Als dieser nun den ersten Hieb tun wollte, schlug das Beil um und verwundete ihn so sehr, dass er auf der Stelle starb.

Da entstand ein großes Frohlocken bei den Preußen, welche dieses Ereignis als eine Strafe ihrer Götter ansahen. Und die Christen, die Anselmus mitgebracht hatte, entsetzten sich sehr und keiner wollte mehr Hand an die Eiche anlegen.

Da nahm der Bischof selber die Axt, ging mit großem Eifer an den Baum und hieb getrost hinein. Und es geschah ihm kein Leid, so lange er auch hieb. Da es ihm zu lange dauerte, die Eiche vollends umzuhauen, befahl er, Feuer herbeizutragen und verbrannte sie samt dem Götzen.

Nachher ließ er an dieser Stelle eine Stadt bauen, die er Heiligenbeil nannte und die das Beil in ihrem Wappen führt.

 **Übrigens ...**

Heiligenbeil heißt heute auf Russisch Mamonowo. Die Stadt gehörte zum Amtsgebiet der Ordensburg Balga. Im Zweiten Weltkrieg wurden im Heiligenbeiler Kessel die Reste der 4. deutschen Armee aufgerieben.

Der „Turm" zu Thorn

Eine dritte heilige Eiche stand an der Stelle, wo nachher die Stadt Thorn erbaut wurde. Sie war von unglaublicher Größe und viele Götter der alten Preußen wurden darin verehrt.

Hermann Balk, der erste Landmeister in Preußen, eroberte sie nach hartem Widerstand. Und weil sie gar so groß war, so ließ er sie befestigen und sie diente ihm statt eines Turmes oder einer Burg.

Hernach wurde um diese Festung eine Stadt erbaut, welche ebenfalls Turm oder Thorn genannt wurde. Doch diese erste Stadt wurde überschwemmt. So errichtete man sie eine Meile weiter an einem besseren Platz neu.

 **Übrigens ...**

Thorn heißt heute Toruń und darf sich eines der schönsten mittelalterlichen Stadtbilder ganz Polens rühmen. Bemerkenswert sind vor allem die im Stil der Backsteingotik errichteten großen Gotteshäuser sowie das Rathaus und die Ruine der Ordensburg.

Die Eiche bei Wehlau

Noch eine heilige Eiche, welche die heidnischen Preußen verehrten, hat unweit von Wehlau gestanden. Und zwar in einem Garten im Dorf Oppen über dem Pregel; an der Landstraße von Königsberg nach Ragnit.

Dieser Baum war von fast unerhörter Dicke und Größe und inwendig hohl, so dass einer mit einem Gaul hineinreiten und sich sogar drinnen mit dem Tier umwenden konnte.
Unten an der Erde war er siebenundzwanzig Ellen dick.

Unter dieser Eiche wurden viele Götter verehrt. Man hielt ihnen Schlangen, denen man Milch vorsetzte.

Der Baum soll sehr alt worden, dann aber plötzlich in einer einzigen Nacht verdorrt und umgefallen sein.

 **Übrigens ...**
Wehlau liegt an der Mündung der Alle in den Pregel und gehört heute –
als Snamensk – zum Kaliningrader Gebiet. In dem auf eine altpreußische
Burg zurückgehenden Städtchen wurde alljährlich der größte Pferdemarkt
Europas abgehalten.

Weshalb Galinden wüst wurde

Das Land der Galinder war lange Jahre wüst und ohne Bewohner. Das trug sich folgendermaßen zu:

Zu der Zeit, als die ersten Christen nach Preußen kamen, war Galinden so bevölkert, dass es den Bewohnern darin zu eng wurde. Deshalb befahlen die Vornehmsten im Lande den Frauen, alle Mägdelein, die zur Welt kämen, zu töten. Die Wehemütter konnten das aber nicht über sich bringen. Da ließ man ihnen die Brüste abschneiden, damit sie keine Kinder mehr säugen konnten.

Darüber entstand großes Wehklagen unter den Weibern. Sie gingen deshalb zu einer Wahrsagerin, die in jenem Land lebte, und berieten sich mit ihr, wie sie sich an den Männern rächen könnten.

Die Wahrsagerin beschickte darauf die Vornehmsten im Land und sagte zu ihnen, es sei der Wille der Götter, dass sie in das Nachbarland der neuen Christen einfielen und diese bekriegten. Doch dazu bedürften sie weder Waffen noch Rüstung; der Sieg sei ihnen von vornherein sicher.

Dieser Prophezeiung folgten alle kriegsfähigen Männer des Landes mit Freuden und brachen alsbald in das Christenland auf. Da sie überraschend kamen, gelang es ihnen auch, reiche Beute an Menschen und Vieh zusammenzutreiben.

Auf dem Rückmarsch aber entwichen ihnen einige Gefangene, die den Christen meldeten, dass die Galinder ganz ohne Waffen und Rüstung und deshalb leicht zu besiegen seien.
Da eilten ihnen die Christen hinterher und erschlugen sie bis auf den letzten Mann.

Als dies die Sudauer und andere Nachbarn der Galinder vernahmen, fielen sie in deren Land ein und trieben Weiber und Kinder und wen sie sonst noch fanden in die Sklaverei. So wurde das Land leer und wüst.

Übrigens ...

Die altpreußische Landschaft Galinden wurde erstmals 180 n. Chr. durch Ptolemäus erwähnt. Sie grenzt im Norden an Pogesanien und Barten, während der Narew und der Lyckfluss ihre südliche Grenze bilden. Die Ordensleute und Kolonisten nannten die fast menschenleere Gegend die Große Wildnis.

Der taube Eichwald

Hinter dem Dorf Krücken bei Kreuzburg stand vordem ein Eichwald, dessen Bäume niemals Früchte trugen. Damit hatte es folgende Bewandtnis gehabt:

Als sich im Jahr 1249 die Natanger im Bund mit den anderen Preußen gegen den Deutschen Orden empörten, machten die Brüder von Elbing und Balga eine Heerfahrt in das natangische Land und verwüsteten weit und breit alle Weiler und Dörfer.

Als sie danach heimkehren wollten, fanden sie alle Wege von den Feinden mit Übermacht besetzt und erreichten nur mit Mühe den Ort Krücken, wo sie sich verschanzten. Hier wagten die Feinde sie nicht anzugreifen, aber sie selbst konnten sich auch weder vorwärts noch rückwärts bewegen.

Als die Übermacht der Natanger immer größer wurde und keine Aussicht auf Rettung bestand, schlossen die Ordensleute – gegen den Rat von Bruder Johannes, des Hauskomturs der Burg Balga, einen Vertrag mit ihnen. Sie überließen ihnen einige der Ihrigen als Geiseln und sollten dafür freien Abzug ohne Waffen haben.

Kaum aber waren sie aufgebrochen, da fielen die Natanger über sie her und erschlugen sie samt und sonders – bis auf einen. Den quälten sie so lange, bis er hinstürzte und unter grässlichen Schmerzen, aber nicht ohne Bekenntnis seiner Sünden und Anrufung Gottes, seinen Geist aufgab.

Seit dieser Zeit hat der Eichwald keine Früchte mehr getragen.

 Übrigens ...
Das altpreußische Natangen, eine Binnenlandschaft zwischen dem Samland,
Warmien, Barten und Nadrauen, umfasste die Kreise Preußisch Eylau, Bartenstein
und Heiligenbeil sowie Teile von Wehlau und Königsberg.

Die Bekehrung der Samländer

Den Göttern der alten Preußen waren Tiere verhasst, welche eine weiße Farbe hatten. Daher hielten, wie es auch jetzt noch in manchen Gegenden Brauch ist, die Bauersleute auf ihren Höfen kein weißes Vieh.

Nachdem der Deutsche Orden das Samland unterworfen hatte, trug es sich zu, dass daselbsten ein Vogt war, der Thammin von Gersleben geheißen wurde. Dieser war nichts anderes gewohnt, als einen weißen Gaul zu reiten.

Eines Tages ritt dieser Vogt nach Geilgarben, wo der preußische Fürst Dorgo wohnte, mit dem er große Freundschaft hielt. Er kam gegen Abend an und blieb die Nacht zu Gast. Dorgo war zwar in Sorge ob des weißen Pferdes, ließ sich aber nichts anmerken.
Am anderen Morgen jedoch lag der Gaul seines Gastes tot im Stall. Da sprach Dorgo zum Vogt: „Es tut mir sehr leid, denn du bist zu mir in Freundschaft gekommen. Darum nimm mein bestes Pferd für das deinige. Und wenn du noch einmal kommst, so bitte ich dich, nie mehr ein weißes Tier zu reiten, denn meine Götter lassen es hier nicht lebendig bleiben."
Nach einiger Zeit kam der Vogt wiederum zu Dorgo und – ob aus Vergessenheit oder aus Fleiß – erneut auf einem weißen Pferd. Und am nächsten Morgen wurde auch dieses tot im Stall aufgefunden.
Dorgo beklagte das Geschehnis sehr. Der Vogt aber erwiderte ihm: „Wenn das zum drittenmal geschieht, werde ich an deine Götter glauben!"
Dem entgegnete Dorgo: „Und ich verspreche dir, so du zum drittenmal ein weißes Pferd zu mir bringst und meine Götter lassen es am Leben, so will ich an deinen Gott und Jesum Christum glauben und mich taufen lassen."

Dreizehn Wochen darauf kam der Vogt erneut mit einem weißen Pferd zu Dorgo. Er hatte aber seinem Diener befohlen, den Sattel, an dem er ein Kreuz befestigt hatte, nicht von dem Gaul zu nehmen.
In der Nacht erhob sich nun ein großes Getümmel im Stall, dass alle erwachten und erschraken. Doch als man am Morgen in den Stall ging, war das weiße Pferd ganz frisch und gesund.
Da zeigte der Vogt Dorgo das Kreuz und von Stund an nahm der Fürst mit seinem Volk das Christentum an.

Übrigens ...
Das Samland wird vom Pregel, dem Frischen Haff, der Ostsee, dem Kurischen Haff und der Deime begrenzt. Mit dem Feldzug König Ottokars II. von Böhmen begann die Christianisierung und Kolonisierung.

Die prussischen Landschaften um 1200

Von einem Sudauer namens Russigenus

In der Zeit, als Hartmann von Heldrungen Hochmeister war, kam ein edler Sudauer namens Russigenus mit seinem ganzen Gefolge zu den Ordensleuten nach Balga und wollte dem Gottesdienste beiwohnen.

Da ihm das, als Heide, nicht erlaubt wurde, ließ er sich mit seinem sämtlichen Anhang taufen. Doch gleich danach wurde er krank. Im Bett liegend ließ er den Priesterbruder von Balga zu sich kommen und bat ihn innigst, er möge ihn im christlichen Glauben unterweisen.

Das tat der Priester mit allem Fleiß. Dabei entdeckte er zu Füßen des Sudauers ein hölzernes Kreuz. Da sich der Priester wunderte, dass ein eben erst Getaufter schon eine solche Geneigtheit zum Christentum zeigte, so fragte er ihn aus, was er in früheren Zeiten schon Gutes getan habe. Russigenus antwortete: „Ich habe viele Christen getötet, aber von einer guten Tat weiß ich nichts.

Es sei denn vielleicht das: Als ich einmal mit meinem Heer in Polen eingefallen war, sah ich, wie ein Sudauer das Bild der Jungfrau Maria mit einem Knäblein auf dem Schoß davon schleppte und zum Hohn noch mit dem Pfeil darauf schoss. Da nahm ich es ihm mit Gewalt fort, denn ich konnte es nicht mit ansehen. Dann gab ich das Bild einem Christen, damit er es an einen Ort bringe, wo es in gebührlicher Verehrung gehalten wurde. In der Nacht darauf erschien mir die heilige Jungfrau und sprach: ‚Die Ehrerbietung, die du mir erwiesen hast, soll dir im Reich meines Sohnes vergolten werden.'"

Nachdem Russigenus solches erzählt hatte, entschlummerte er noch am selben Tag sanft zum ewigen Leben.

 Übrigens ...
Sudauen, die östlichste der altpreußischen Landschaften, erstreckte sich von den Masurischen Seen über die Memel weit nach Litauen hinein. Der Orden unterwarf die Sudauer erst 1283.

Wie die Pogesanier zum Christentum kamen

Bald nachdem der Orden die Burg zu Elbing errichtet hatte, war sie ihrer Festigkeit wegen den benachbarten Pogesaniern sehr zum Verdruss.

Deshalb zogen diese mit starker Heeresmacht heran, um sie zu zerstören. Doch das gelang ihnen nicht. Aber sie raubten in der ganzen Umgebung, soviel sie nur mitschleppen konnten.

Der vierte Hochmeister des Deutschen Ordens und Gründer des Ordensstaats Hermann von Salza (gest. 1239)

Als sie nun mit ihrer Beute auf dem Heimweg waren, da dachten die Ritter in der Burg, obgleich ihrer nur wenig waren, die Pogesanier würden mit so vielerlei geraubtem Gut beladen sich ihnen nicht so recht zur Wehr stellen können. Sie machten sich deshalb auf, um die Räuber zu verfolgen.

Ehe es aber zum Treffen kam, ergriffen die Pogesanier alle die Flucht – bis auf einen, der gefangen genommen wurde.

Als dieser wenige Kämpfer in der Schar der Ordensleute sah, fragte er ganz verblüfft, wo denn die übrigen wären. Als ihm geantwortet wurde, dass es nicht mehr wären, erzählte er, dass er und seine Gefährten das ganze Feld voll von bewaffneten Männern gesehen hätten, die an Bekleidung und Rüstung den Ordensleuten gleich gewesen wären. Deshalb hätte man sich auch so eilig auf die Flucht begeben.

Hernach ließen sich die Pogesanier taufen und bekannten alle öffentlich, durch welch wundersame Erscheinung sie getäuscht worden waren.

Übrigens ...
Das altpreußische Pogesanien bildete später den mittleren Teil des Fürstbistums Ermland.
Dessen Residenz Heilsberg lag auf pogesanischem Gebiet. Die Stadt Elbing, eine Ordensgründung
von 1237, wurde im Zweiten Weltkrieg schwer zerstört. Sie heißt heute auf Polnisch Elbląg.

Herzog Swantopolk

Im Pommernlande und über Kaschubien herrschte ein Herzog des Namens Swantopolk. Der war zwar zum Christentum bekehrt, aber in seinem Herzen war er ein Heide geblieben. Daher unterhielt er auch heimliche Freundschaft zu den Preußen. Und zuletzt zeigte er sich durch Abfall als wahrer Widersacher des Deutschen Ordens.

Zu jener Zeit, als Swantopolk gegen die Ordensleute aufgestanden war, lagerte er einmal zwischen Kulm und Thorn an der Weichsel.

Nun war ein Mann an seinem Hof, der sich vor den Deutschrittern mehr zu fürchten schien als vor dem Teufel. Und Swantopolk hatte mit ihm stets einen guten Spott ob dieser Zagheit. Diesmal dachte sich der Herzog einen besonderen Scherz aus: Ein vertrauter Diener sollte beim Essen hastig kommen und die Deutschritter ankündigen. So würde er, Swantopolk, sich an des Hofmannes furchtsamen Wesen so recht ergötzen können.
Und er sagte auch seinen Heerführern, dass sie sich, wenn der Diener die Ordensleute ankündigte, ruhig verhalten sollten, denn es sei alles nur ein Scherz ...
Da nun alles beim Mahle saß und der Diener seines Herrn Befehl zur rechten Zeit vollziehen wollte, sah er wirklich die Ordensritter gegen das Lager anreiten. Erschrocken eilte er in den Tafelsaal und schrie: „Die Kreuzherren kommen! Sie kommen! Rettet euch!"
Kaum hörte der furchtsame Hofmann die Rufe, als er auch schon von seinem Bissen aufstand und schleunigst das Weite suchte.
Swantopolk aber wollte sich schier totlachen über den gelungenen Scherz.
Doch es dauerte nicht lange, da waren die Ritter wirklich da und schlugen auf ihre Feinde, die nicht mit einem Überfall rechneten, grimmig los.

Alle – bis auf Swantopolk – fanden den Tod. Der rettete sich, indem er in die Weichsel sprang und schwimmend das andere Ufer suchte.

 **Übrigens ...**
Der Aufstand der Altpreußen unter Beteiligung des Herzogs Swantopolk begann 1242.
Nach 16 Jahren wurde mit ihm Frieden geschlossen.

Heilige Frauen und Männer

Vom heiligen Adalbert

Nachdem Adalbert die heidnischen Polen im christlichen Glauben bestärkt hatte, begab er sich nach Preußen.

Zuerst predigte er das Wort Gottes im kulmischen Land; von da ging er nach Pomesanien. Als er über den Fluss Ossa setzte und nicht genug Geld hatte, um den Fährmann zu bezahlen, gab dieser ihm mit dem Ruder einen harten Schlag über den Kopf, so dass Adalbert schwer erkrankte. Dieses war ihm kein gutes Zeichen und er musste auch in der Tat unverrichteter Sache Pomesanien verlassen und reiste über Danzig in das Samland. Doch nicht weit von der heutigen Stadt Fischhausen entfernt wurde er von den Heiden erschlagen.

Als der polnische König davon erfuhr, begehrte er den Körper Adalberts von den Preußen. Diese aber wollten denselben nicht herausgeben, es sei denn, dass ihnen der König so viel Gold gäbe, als der Leichnam schwer sein werde.

Da ward der fromme König zufrieden. Aber wie nun der Körper gewogen wurde, da war er überaus leicht und nicht einmal eines Pfundes schwer.

Eine andere Sage berichtet, dass alles Gold, welches der polnische König gesendet hatte, noch nicht einmal vermocht habe, die Schale, auf der der Leichnam lag, von der Erde zu bewegen. Deshalb legten die Abgesandten auch noch jenes Gold hinzu, dass sie selber mit sich führten. Aber auch dieses war nicht genug. Da kamen noch Preußen, die von Adalbert getauft worden waren und gaben ihr Gold her. Aber auch das reichte nicht aus.

Fast hatte man schon die Hoffnung aufgegeben, dass es gelingen würde, den Körper Adalberts noch auszulösen.

Da kam eine alte Frau. Die hatte nur zwei Pfennige als Vermögen. Die warf sie in die Schale zu dem Gold. Und siehe da: Es flog auf einmal die andere Schale so in die Höhe, dass man all das Gold, was der Polenkönig geschickt, was die Gesandten dazugelegt und was die bekehrten Preußen gebracht hatten, wieder herausnehmen konnte und allein die zwei Pfennige der armen Frau den Leichnam des Heiligen genugsam aufwogen.

Eine weitere Sage erzählt, dass die heidnischen Preußen den Körper des heiligen Adalbert in unzählige Teile zerhackt und diese unbeerdigt am Ufer der Ostsee liegengelassen haben. Ein Preuße hatte es besonders auf den goldenen Ring des Erschlagenen abgesehen. Da sich dieser nicht lösen wollte, hieb er ihn samt dem Finger ab.

Diesen Finger trug hinterher ein Sperber mit sich fort, verlor ihn aber dann über dem Meer, wo ihn ein Hecht verschluckte.

Da geschah es nun, dass der Fisch, wo er hingeschwommen, ein sonderbares Licht von sich gab. Als die Fischer dieses Licht sahen, haben sie den Hecht gefangen und in seinem Bauch den unversehrten Finger des Heiligen entdeckt.

Die Fischer waren Christen und erkannten bald, dass der Finger einem heiligen Mann gehören müsse. Deshalb steuerten sie an das Ufer und fanden dort die Leiche. Die einzelnen Teile hatten sich aber inzwischen auf wundersame Weise von selber wieder zusammengefügt, so dass nur der Finger noch fehlte.

Als ihn die Fischer ansetzten, wuchs er schnell fest, so dass der Körper nun wieder ganz war.

Eine andere Überlieferung lautet, dass dem Heiligen nur das Haupt abgeschlagen wurde, der Körper aber ganz geblieben war.

Nach dem Abzug der Mörder stand der Körper von selbst auf, nahm das Haupt in die Hände und trug es vor sich her bis zu der Kapelle, wo der Heilige gewöhnlich die Messe gelesen hatte. Unterwegs sang das Haupt mit lauter, schöner Stimme allerlei geistliche Lieder.

Von der Kapelle ging der Heilige weiter, von einem Ort zum anderen, immer sein Haupt vor sich hertragend und fromme Lieder singend, bis er in die Gegend von Danzig kam, wo jetzt noch die Kirche des heiligen Adalbert steht.

Der Heilige Adalbert auf einem Steinrelief

🕊 **Übrigens ...**
Die Beisetzung Adalberts erfolgte in Gnesen (Gniezno) in Anwesenheit des deutschen Kaisers Ottos III. Gallus Anonymus, ein Chronist aus Lothringen, berichtete, dass der Kaiser seinen Gastgeber, den polnischen König Bolesław I. Chrobry, als „amicus et socius" (Freund und Gefährten) bezeichnet habe.

Von der heiligen Barbara

Unweit der Stadt Schwetz an der Weichsel liegt das Dorf Sartowitz. Dort hatte der Pommern-herzog Swantopolk sein festes und bestes Schloss, welches er mit starker Mannschaft besetzt hielt und von wo dem Orden viel Schaden geschah.
Deshalb beschloss der Ordensmarschall Dietrich von Bernheim, das Schloss um jeden Preis zu erobern.

Am Vorabend des Festes der heiligen Barbara zog er mit vier Ritterbrüdern und vierundzwanzig Knechten nach Schwetz, setzte Leitern an die Mauern und versuchte, das Schloss einzunehmen. Nach langem Kampf gelang es ihnen, mit Gottes Hilfe, die Feinde, bis auf wenige, die fliehen konnten, niederzumachen. 150 Weiber und Kinder fielen als Gefangene in ihre Hände.
Als sie nun das Schloss durchsuchten, fanden sie in einem Kellergewölbe eine Kiste und darin einen Heiligenschrein von Silber. In diesem befand sich das Haupt der heiligen Barbara.
Da knieten sie nieder und lobten Gott für das gnadenreiche Geschenk. Sie hoben die heiligen Reliquien auf und verließen voller Freude den Keller.

Als das eine alte Frau sah, die unter den gefangenen Weibern stand, sagte sie zu den Ordens-leuten: „Wahrlich, ihr freut euch mit gutem Grund, denn das, was ihr heute erreicht habt, ist euch durch die heilige Barbara zuteil geworden."
Darauf sprachen die Ritter: „Wer hat dir solches verkündet? Wie kannst du das wissen?"
Sie antwortete: „Immer habe ich mit höchster Verehrung die heilige Barbara geliebt. Nun erschien sie mir letzte Nacht dreimal hintereinander mit hochgeschürztem Gewand, als sei sie bereit, über Land zu gehen. Beim drittenmal aber redete ich sie an: ‚Wohin gehst du, heilige Jungfrau?' Da sprach sie: ‚Ich will nach Kulm gehen und dort die Messe hören. Lebe wohl.'
Da erschrak ich sehr und fiel vom Bett und eilte ihr nach bis zur Haustür. Dort verschwand sie. Und dann sah ich euch in Waffen kommen. Unzweifelhaft ist es daher, dass das Schloss euch durch das Verdienst und die Fürbitte der Heiligen in die Hände gegeben ist, damit ihr ihre Reli-quien nach Preußen bringt, wo sie frömmer als hier verehrt werden."
Hernach brachte Bruder Dietrich die heilige Reliquie nach Kulm, wo sie in einer großen Prozes-sion vor den Geistlichen und dem Volk in die Schlosskirche getragen wurde. Dort genoss sie, wegen der vielen Wunder, die sie verrichtete, lange Zeit große Verehrung.

Bald danach aber kam König Wenzel von Böhmen zum Bruder Dietrich von Bernheim und bat ihn gar sehr, ihm einen Teil der Reliquie zu schenken.
Nachdem Dietrich Wenzels Wunsch entsprochen hatte, brachte dieser einen Teil des heiligen Hauptes nach Prag und baute dort bei St. Claren eine Kapelle zu Ehren der heiligen Barbara.
In Prag befand sich nun der untere Teil des heiligen Hauptes; der obere blieb zu Kulm.
Und es geschahen beiderorts viele Zeichen und Wunder.

Während des großen Krieges mit dem Heer König Jagiellos und ihrer Niederlage bei Tannenberg brachten die Ritter des Deutschen Ordens die Reliquie der heiligen Barbara von Althaus-Kulm in die Marienburg, wo sie in sicherem Gewahrsam war.

Es begab sich aber im Jahr 1415, dass eine große Dürre eintrat, so dass alles Getreide auf den Feldern verdorrte.

Da ward eine große Prozession angeordnet, um den Himmel um Regen anzuflehen, und es sollte das Bild der heiligen Barbara gen Willenberg getragen werden. Als man aber mit demselben hinaustreten wollte, begann der Regen, der jedoch wieder innehielt, solange die Prozession währte – wie denn auch sonst die schönen Chorhemden, mit denen die Geistlichen angetan waren, ganz verderbt sein würden.

Sobald aber die Prozession beendigt war, fiel der Regen in Strömen herab und es regnete den halben Tag und die ganze Nacht dem Volk zum großen Trost.

Und so oft es später anfing, dürre zu werden, trug man wieder das Bild in Prozession. Worauf alsbald ein gedeihlicher Regen fiel.

Zu der Zeit, da König Adolf in Deutschland regierte, wurde ein Jüngling aus ritterlichem Stand vor dem königlichen Richter angeklagt, einer Jungfrau Gewalt angetan zu haben. Und da man ihn in den Kerker warf bis zu der Verhandlung, so bat er dringend, ihm einen Beichtvater zu geben. Der kam, hörte ihn an und fand ihn für unschuldig. So redete er dem Jüngling zu, sich ganz dem Dienste der heiligen Barbara zu weihen und nicht eher wieder nach Hause zu kommen, bis er die heilige Reliquie in Kulm besucht und verehrt habe. Das versprach jener.

Die gekränkte Jungfrau aber bat den Richter unter Tränen, das Urteil zu fällen. Als nun das Gericht versammelt und das Urteil gefällt war, erschien plötzlich ein Unbekannter und erbot sich, dem Jüngling ein Fürsprech zu sein. Das wurde erlaubt und der Unbekannte machte seine Sache so gut, dass das Urteil umgestoßen und der Jüngling freigesprochen wurde.

Von Freude überwältigt warf dieser sich vor dem Richter hin und umklammerte ihn. Als das die Diener sahen, glaubten sie, jener wolle sich an dem Richter vergreifen. Sie zogen ihre Schwerter und hieben auf ihn ein.

Der Vater und die Freunde des Jünglings entflohen und gaben ihn verloren. Worauf der Beichtvater zu ihnen sprach: „Vertraut auf die heilige Barbara. Es wird ihm nichts geschehen."

Und siehe da, es erwies sich, dass kein Streich den Jüngling verletzt hatte.

So ließ man ihn los und er weihte sein ganzes Leben dem Dienste der heiligen Barbara.

Übrigens ...

Aus dem deutschen Kulm ist das polnische Chełmno geworden. Als der masowische Herzog Konrad 1226 den Deutschen Orden gegen die Altpreußen zur Hilfe rief, übereignete er den Rittermönchen das Kulmer Land. Dieses mittelalterliche Architekturerbe macht Chełmno noch heute sehenswert. Die historische Stadt mit dem manieristischen Rathaus und drei gotischen Kirchen ist von alten Mauern und zahlreichen Türmen umgeben.

Der heilige Jodokus

In der Nähe von Labiau stand in früheren Zeiten direkt am Wasser eine gewaltige Eiche. Sie war aber nicht den preußischen Göttern, sondern einem christlichen Heiligen geweiht, der aus Preußen stammte und Jodokus hieß.

Diese Eiche war sehr stark und unendlich hoch und jeder Schiffer, der an ihr vorüber segelte, unterließ es nicht, einen Pfennig in ihre Höhlung zu werfen. Denn der heilige Jodokus war der Beschützer der Gewässer und wer ihm opferte, hatte kein Ungemach auf dem Wasser zu befürchten.

Das Geld aber wagte die ganze Zeit über niemand anzurühren. Bis dann eines Tages ein böser Mann aus der Umgebung kam und es raubte.

Darauf ist der Baum verdorrt.

Die Stelle, wo er gestanden hat, ist aber noch bekannt und gottesfürchtige Schiffer werfen, wenn sie vorbeikommen, noch immer einen Pfennig hin.

 **Übrigens ...**

Aus dem deutschen Labiau ist das russische Polessk geworden. Die Ortschaft nahe der Mündung der Deime ins Kurische Haff entstand um eine Grenzfeste des Ordens gegen die Litauer. 1642 erhob der Große Kurfürst Labiau zur Stadt.

Kurenkähne am Haff vor Labiau

Der heilige Brun

Als der fromme Benediktinermönch Brun von Querfurt vom Schicksal des heiligen Adalbert erfuhr, machte er sich auf, um den Preußen erneut die Lehre Christi zu predigen.

Nachdem ihm der Papst die Erlaubnis zum Missionieren erteilt und ihm zum Erzbischof geweiht hatte, machte er sich in das ferne Land auf. Er ging, auch in der strengsten Kälte, barfuß und hatte große Mühseligkeiten zu überwinden. Doch er ertrug alles mit Geduld und predigte mit viel Eifer und Erfolg.

Eines Tages trug es sich zu, dass er zu einem mächtigen Fürsten kam. Dem wollte er ebenfalls das Wort des Herrn predigen. Der Fürst aber, als er Bruns armselige Kleidung betrachtete, wollte mit solch einem elend aussehenden Menschen nichts zu schaffen haben.
Darauf ging Brun in seine Herberge, zog seinen bischöflichen Ornat an und ging wieder zu dem Fürsten. Dieser ließ ihn diesmal zu sich kommen, hörte sich seine Predigt an und sprach dann: „Wenn du willst, dass wir dir glauben, so musst du mitten durch das Feuer gehen und unversehrt bleiben."
Nachdem Brun seine Zusage gegeben hatte, ließ der Fürst zwei Haufen Holz nebeneinander setzen und anzünden. Als beide lichterloh brannten, vereinigten sie sich zu einer einzigen gewaltigen Flamme.
Brun aber war unerschrocken und freudig in Gott. Er begann zu beten, besprengte sich mit Weihwasser und beräucherte das Feuer mit Weihrauch. Dann schritt er mitten durch die Flammen, ohne dass auch nur ein Härchen auf seinem Haupt angesengt worden wäre.
Als dies der Fürst sah, fiel er mit allen Seinigen dem heiligen Mann zu Füßen und bat ihn um Verzeihung. Danach ließ er sich mit ihnen taufen.
Der Fürst hatte aber noch zwei Brüder, welche bei ihrem heidnischen Götzendienst verblieben und sich nicht bekehren lassen wollten. Einer von denen ließ Brun gefangen nehmen und vor einer großen Menge Volkes den Kopf abschlagen.
Allein von Stund an ward dieser Fürst blind und alle, die bei der Hinrichtung dabei waren, erstarrten plötzlich und konnten sich nicht mehr von der Stelle bewegen.

Erst als der bekehrte Bruder kam und für sie betete, löste sich der Bann.

⟨⟩ Übrigens ...

Brun von Querfurt wurde um das Jahr 974 in Querfurt geboren. Er war mit dem ottonischen Königshaus verwandt und besuchte die Magdeburger Domschule. Nachdem er zwei Lebensgeschichten des heiligen Adalbert verfasst hatte, reiste er selber nach Altpreußen, wo er 1009 östlich von Lyck (Ełk) den Tod fand.

Frau Jutta

In der Domkirche zu Kulmsee wurde die selige Jutta hoch verehrt, die mit dem Deutschen Orden nach Preußen gekommen war.

Es gehörten nämlich, als er die Heiden in Preußen bekämpfte, sehr viele Thüringer Herren und Ritter dem Orden an. Darunter befand sich auch Anno von Sangerhausen, ein frommer und kluger Mann, der, als Poppo von Osterna sein Amt niederlegte, in Rom zum Hochmeister gewählt wurde.

Dass er so fromm und wacker geworden war, verdankte er seiner Mutter Jutta, die ihre Kinder mit aller Strenge zu Gottesfurcht und Tugend erzogen hatte. Sie hatte drei: Der älteste trat in den Deutschen Orden ein, der zweite wurde Bischof und der dritte vermählte sich und übernahm die väterlichen Güter.

Als sie nun alle versorgt waren, widmete sich ihre Mutter Jutta ganz der christlichen Liebe und wirkte als Wohltäterin der Armen und Kranken. Dabei machte sie keinen Unterschied, welche Krankheiten die Armen hatten und pflegte auch die, die von allen anderen verstoßen wurden – die Aussätzigen.

Deshalb wollte, aus Furcht vor Ansteckung, in der Heimat kein Mensch mehr mit ihr umgehen. So pilgerte sie nach Preußen zu ihrem Sohn Anno, der damals Komtur von Kulm war. Er gab ihr ein Häuschen am Weg von Thorn nach Kulmsee, eine halbe Meile von der Domkirche entfernt. Dort wohnte sie mit vier frommen Jungfrauen und tat unzählige gute Werke an den Armen und Elenden. Dafür erfuhr sie die Gnade des Himmels in vielen Wundern.

Da sie des Lesens unkundig war und es deshalb als schmerzlich empfand, dass sie sich nicht an frommen Büchern erbauen konnte, kam ein Engel vom Himmel, der sie, die vordem niemals hatte lesen können, in einer einzigen Stunde so weit brachte, dass sie alle Schrift fertig lesen konnte.

Von Gott erbat sie sich als eine Gnade, in dieser Welt verachtet und verhöhnt, in jener aber erhöht zu werden. Und diese Bitte ward ihr gewährt. Nicht nur in ihrer eigenen Klause ward sie drei Jahre hindurch von lieblosen Menschen geschmäht und geschändet, sondern sie wurde auch von den Brüdern des Deutschen Ordens der schmählichsten Verbrechen beschuldigt, so dass sie sich durch die Feuerprobe reinigen musste, indem sie einen glühenden Dreifuß ohne allen Schaden trug.

Oftmals sahen die Vorübergehenden, wie sie, in frommer Verzückung gefallen, von den Engeln Gottes empor getragen wurde.

Da sie die Sorge für einen kranken Priester in Kulmsee übernommen hatte und deshalb allnächtlich von ihrer Klause nach dem Städtlein wandeln musste, erschien immer ein helles Licht, das sie hin und zurück geleitete. Auch ging sie oftmals, um den Weg abzukürzen, trockenen Fußes über den See und man konnte den ausgetretenen Pfad auf dem Wasser noch lange hernach erkennen.

Als sie das Herannahen ihres Todes fühlte, ließ sie sich in die Kirche bringen und ihre Seele ward, während der Bischof Heinrich das Totenamt hielt, unter dem Gesang der himmlischen Heerscharen in den Himmel geführt.

Noch nach ihrem Heimgang ließ Gott auf ihre Fürbitte hin viele Wunder geschehen. Einem alten Dorfpfarrer aber, der ungläubig lachte, als ihm von ihren Wundertaten erzählt wurde, blieb das Maul schief stehen, bis er nach vielem Flehen auf ihre Fürbitte hin geheilt wurde.

 **Übrigens ...**
Kulmsee heißt heute Chełmża. Das etwa 20 Kilometer nördlich von Thorn gelegene Städtchen war bis ins 14. Jahrhundert Residenz der Kulmer Bischöfe. Sehenswert ist vor allem die ehemalige Domkirche, die 1241 gestiftet und an der 100 Jahre lang gebaut wurde.

Die Klausnerin Dorothea von Montau

Unter den heiligen Wundertätern Preußens steht die heilige Dorothea obenan.

Sie entstammte einer kinderreichen Familie zu Montau an der Weichsel und war von Jugend auf gottesfürchtig und von heiliger Inbrunst für ihren Erlöser entflammt.

Ihre Eltern vermählten sie mit einem braven Bürger in Danzig, mit dem sie 26 Jahre in gottesfürchtiger Ehe lebte. Mehrmals pilgerte sie mit ihrem Mann nach Aachen und einmal sogar bis nach St. Jakob von Compostela. Auf diesen Pilgerfahren erlitten sie mannigfaltiges Ungemach und erfuhren oftmals die gnadenreiche Hand Gottes bei Rettung aus schwerer Todesgefahr.

Nachdem der Tod die Ehegatten getrennt hatte, ergab sich Dorothea, deren Kinder – bis auf eine Tochter, die Nonne war – frühzeitig hinweggegangen waren, ganz einem frommen und beschaulichen Leben. Ihre letzten Jahre verbrachte sie eingeschlossen in eine Klause in der Domkirche zu Marienwerder.

Gott hatte ihr die Gabe verliehen, künftige Dinge vorherzusehen, wie sie denn auch den Fall des Deutschen Ordens vorher verkündet hat.

Als sie ihr letztes Stündlein nahen fühlte, ließ sie ihren Beichtvater, den Domherren Johannes von Marienwerder, herbeirufen, dass er ihr das Abendmahl reiche. Und als er zögerte, weil sie es erst am Tag vorher empfangen hatte, sagte sie: „Reicht mir den Leib Gottes noch einmal, denn es wird das letzte Mal sein, dass ihr mir den frommen Dienst erweiset."

Und wie sie es angekündigt hatte, so geschah es auch, denn um die nächste Mitternacht umgab sie plötzlich ein himmlischer Glanz und es war ein lieblicher Gesang zu vernehmen, der zwei Stunden währte und während dessen sie von Engeln zu Gott geführt ward. Zugleich fingen die Glocken, ohne dass irgendeine menschliche Hand sie bewegte, zu tönen an und ihr Geläut dauerte ebenso lang wie jener himmlische Gesang.

Viele Wunder geschahen auch noch nachher an ihrem Grabmal, das sich in dem kleinen Chor der Domkirche befand, so dass zu demselben die Scharen frommer Pilger von weit und breit her gewallfahrt kamen.

Noch heute kann man sich im Dom zu Marienwerder die zierlichen Pantoffel zeigen lassen, welche die heilige Dorothea in ihrer einsamen Zelle getragen hat.

Übrigens ...

Montau heißt heute auf Polnisch Mełtowy Wielkie. Der riesige Komplex von Burg und Kathedrale in Marienwerder (Kwidzeń) gehört zu den größten Sehenswürdigkeiten im alten Ordensland. Die Burg wurde 1233 gegründet; etwa 100 Jahre später begann man mit dem Bau der Kirche. 1254 ging die Burg zunächst an den Bischof von Pomesanien und später von diesem an das Domkapitel über.

Mit Kreuz und Schwert

Wie Rheden gerettet wurde

Im Krieg, den die heidnischen Sudauer wider die Brüder vom Deutschen Orten führten, machten sie einst einen Zug gegen die Burg Rheden.

An einem Sonnabend Morgen, während der Mette, langten sie vor der Burg an und begannen auch alsbald den Sturm.

Da nun aber die Brüder und Knechte, welche sich dort befanden, gerade sämtlich in der Kirche waren und das Salve Sancta Parens zu Ehren der gebenedeiten Jungfrau sangen, so nahmen sie von dem Feind nichts wahr.

Statt ihrer erschienen jedoch auf den Wehren himmlische Männer, die mit Pfeilen auf die Angreifer schossen und so eine ganze Stunde lang die Burg schirmten, bis der Gottesdienst beendet war und die Brüder nun selbst den Kampf aufnehmen konnten.

Übrigens ...
Die Ordensburg Rheden – auf Polnisch Radzyn Chełmiński – aus dem Jahr 1234
gilt als schönste Burgruine des deutschen Ostens. Dass sie nicht gänzlich abgebrochen
wurde, verdankt sie der Intervention des preußischen Königs Friedrich Wilhelm III.
Schon von weitem vermittelt der breite, elegant gegliederte Hauptflügel mit der hohen
Fallgatternische und den beiden schlanken Ecktürmen einen überwältigenden Eindruck.

34

Bruder Guntram

Im Jahr 1301 war im Deutschen Orden Bruder Guntram, der zwar klein von Gestalt, aber trotzdem ein sehr tapferer Mann war.

Guntram zog in dem gedachten Jahr mit bloß neun Knechten von Christburg nach Litauen. Als er nun die Litauer in der Wildnis traf, fiel er alsbald über sie her. Er ward aber von einem starken Litauer mit einem Spieß durchstoßen, also dass die Eingeweide ihm aus dem Leib herauskamen.

Guntram stopfte die Wunde zu und stritt weiter, bis dass alle Feinde erledigt und erschlagen waren. Danach fiel er vom Pferd und gab selber seinen Geist auf. Seine Knechte nahmen die Leiche und brachten sie nach Christburg zurück, wo sie begraben wurde.

Auf dem ganzen Weg dorthin flogen über seinem Sarg zwei weiße Tauben. Wenn die Leiche vorangebracht wurde, flogen auch die Tauben voran. Wenn man damit hielt, so schwebten sie still über dem Zug.

Auch über seinem Grab, an welchem viele Wunder geschahen, hat man nachher oft die Tauben gesehen.

Die Fahne des Deutschen Ordens

 **Übrigens ...**
Christburg heißt heute auf Polnisch Dzierzgoń. Im Christburger Vertrag von 1249
wurden den christianisierten Altpreußen persönliche Freiheit und ungestörter Besitz
zugesichert. Die alte Komtursburg ist abgetragen worden.

35

Das schwarze Pferd

Als die Ritter des Deutschen Ordens von dem Feldzug, den sie im Jahr 1304 gegen die Burg Oukaim in Litauen unternommen hatten, heimkehrten, stürzte Bruder Heinrich von Wolfersdorf, der sich unter den Vordersten befand, bei einem Überfall von seinem Pferd.

Da der Raum so schmal war und niemand dem Gefallenen ausweichen konnte, mussten alle über ihn hinwegreiten.

Und obwohl Heinrich zum Schutze seinen Schild über sich hielt, so war dieser doch in wenigen Augenblicken in unzählige Stücke zermalmt. Als der ganze Zug über ihn hinweg war, erhob sich der Ritter jedoch durch Gottes Hilfe unverletzt vom Boden.

Da er aber nun kein Pferd mehr hatte, da sah er mit einemmal von fern einen Schildknappen zu Pferde, der ein zweites schwarzes Ross an der Hand führte. Den sprach er an und bat ihn, ihm eines der beiden Pferde zu leihen. Doch jener sprengte ihn grimmig an und ritt ihn nieder.

Aber auch diesmal blieb Heinrich ohne Schaden. Es gelang ihm sogar, die Zügel des schwarzen Rosses zu ergreifen, sich hinaufzuschwingen und den Gefährten nachzueilen.
Soviel er nun aber auch fragte, wem das schwarze Pferd gehöre und wo jener Schildknappe geblieben sei, niemand konnte es ihm sagen.

Als er aber vom Pferd stieg, so verschwand auch dieses wie der erwähnte Knappe und es wurde niemals aufgeklärt, was aus beiden geworden ist.

Die Nebelschlacht

Als im Jahr 1394 der Hochmeister mit dem Ordensheer die litauische Hauptstadt Wilna belagerte, nahm der dortige Großfürst Witold in der Nähe seine Stellung, um sich an die zu machen, welche den Belagerern die Zufuhr brachten.

Da sandte der Hochmeister vierhundert Mann in vier Bannern aus den Gebieten Balga, Brandenburg und Barten sowie dem Bistum Ermland aus zum Schutze für die Zufuhr.
Als diese nun nach Redemynne gelangten, da kamen ihnen Witold und der Fürst Korybut von Sewerien mit dem ganzen Heer der Litauer entgegen. Doch lag zwischen beiden Gegnern noch ein Fließ und Bruch, so dass sie nicht sogleich aneinander geraten konnten.
Als die Ordensleute diese Stelle umgangen hatten, sahen sie, dass der Feinde so viel waren, dass zehn auf ihrer einen kämen. Trotzdem stürzten sie sich unverzagt auf dieselben und stellten ihre Sache Gott anheim.

Und der verließ die Seinen nicht.

Plötzlich erhob sich ein solch dichter Nebel, dass die Litauer nicht die geringste Anzahl ihrer Gegner zu erkennen vermochten und in der Meinung, der Hochmeister greife sie mit der gesamten Ordensstreitmacht an, eilig die Flucht ergriffen. Da ward ein großes Schlagen und viele der Feinde blieben in der Schlacht.

Solange aber der Kampf währte, vermochten die Winde nicht den Nebel zu zerstreuen.

Die Jerusalems-Irrgärten

Die Ritter des Deutschen Ordens waren durch ihre Regeln verpflichtet, die heilige Stadt Jerusalem zu verteidigen und als sie verloren ging, sie wieder zurück zu gewinnen.

Als nun alle Aussicht im Morgenland verschwunden war, dieses Ziel jemals wieder zu erreichen, ließen die preußischen Ritter, um scheinbar ihrem Gelübde nachzukommen, bei ihren Burgen im Feld die Erde aufgraben und ein Werk entstehen, das einem Labyrinth sehr ähnlich war. Das nannten sie Jerusalem.

Anfangs hatten sie hierbei ihre gottseligen Gedanken, hernach aber trieben sie bloß ihr Gespött damit. Denn wenn sie bei ihren Schmausereien recht lustig sein wollten, dann mussten sich die Knechte in dieses After-Jerusalem begeben und die Ritter jagten sie alsdann wieder heraus und wähnten, Jerusalem befreit zu haben.
Für solche Frechheit ist aber auch die Strafe nicht ausgeblieben.

Es ist namentlich ein solcher Irrgarten bei Riesenburg gewesen. Er war 55 Fuß lang und 60 Fuß breit. In der Mitte befand sich ein Kreuz, das in der Erde stand und 54 Fuß lang und breit war. Um dieses Kreuz war es ruhig, aber im übrigen Irrgarten war des öfters nachts ein gewaltiges Treiben und Rumoren zu hören. Man sah dort feurige Gestalten umherlaufen.

Die toten Ritter mussten zu ihrer großen Qual das Spiel treiben, welches sie früher so übermütig im Leben gespielt hatten. Nur waren jetzt die Rollen vertauscht. Die Ritter wurden von den Knechten gejagt und diese wiederum vom Teufel und seinem Anhang.

 **Übrigens ...**

Riesenburg, das polnische Prabuty, ist malerisch am Sorgensee gelegen. Die Burg, von der nach Bränden im 17. und 18. Jahrhundert kaum etwas übrig geblieben ist, war bis 1525 Sitz der Bischöfe von Pomesanien.

Hochmeister kontra Bischof

Zur Zeit des Hochmeisters Heinrich von Richtenberg war Dietrich von Euba Bischof im Samland. Er war zwar gelehrt, aber auch habsüchtig und untreu und hatte seine Stellung allein dem Papst zu verdanken.

Nachdem der Bischof durch Ablassprediger viel Geld zusammengerafft hatte, um sich damit gute Freunde zu machen, und als solches ruchbar wurde, ermahnte ihn der Hochmeister, davon abzulassen. Doch der Bischof scherte sich nicht darum, sondern war nur noch hochmütiger.

Da berief der Hochmeister des Bischofs Gebietige und legte ihnen dessen Praktiken vor. Und es ward beschlossen, ihn gefangen zu nehmen.

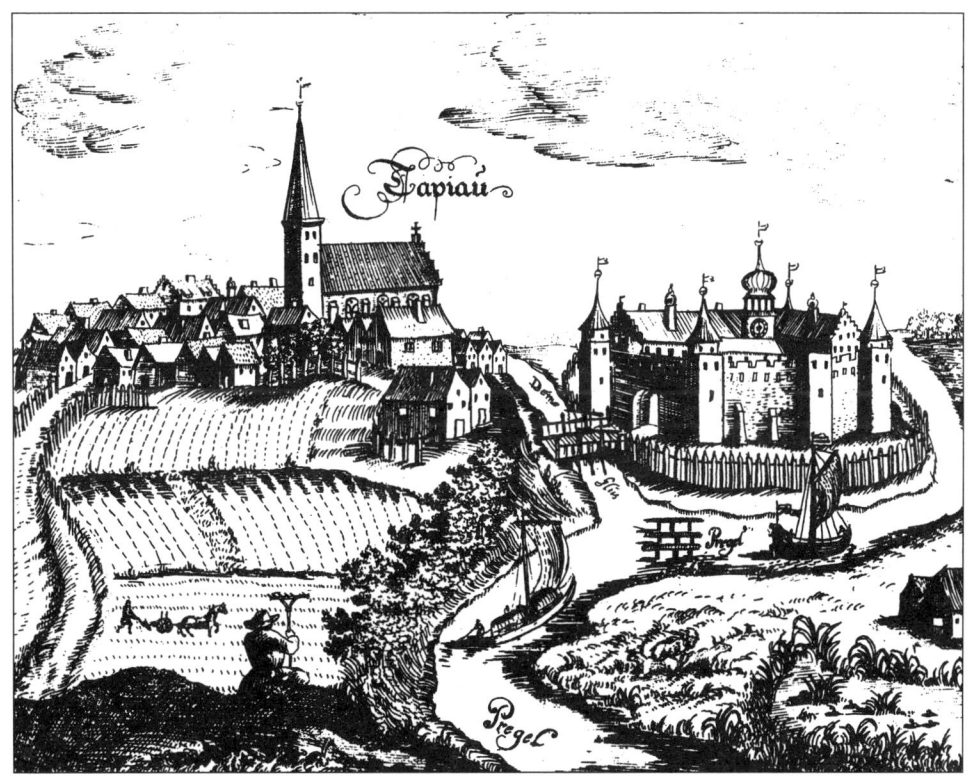

Alte Stadtansicht von Tapiau

39

Am Montag nach Judika setzte man denn den Bischof in der Burg zu Tapiau fest. Dort hielt man ihn anfänglich in einem angemessenen Gemach, wie es einem solchen Mann gebührt.

Als er jedoch einen Fluchtversuch unternahm und dabei ertappt wurde, beschlossen der Hochmeister und die Ritter, ihn Hungers sterben zu lassen. Man brachte ihn in das finsterste Gewölbe unter der Burg, schmiedete ihn mit Händen und Füßen kreuzweise an eine Mauer an und ließ ihn ohne Essen und Trinken.

Acht Tage hat der Unglückliche es ausgehalten. Doch am achten Tag, als während der Messe die Sakristei offen blieb, hat alles Volk in der Kirche den Bischof mit heiserer Stimme rufen hören: „Mein Gott, mein Gott, erbarme dich meiner!"

Nach dem Tode des Bischofs wurde dessen Leiche nach Königsberg gebracht. Sieben Männer, vom Orden mit Geld gekauft, bezeugten beim Papst, dass der Bischof eines natürlichen Todes gestorben sei.

Bis heute hört man oft in dem Gewölbe der Tapiauer Burg eine heisere Stimme rufen: „Mein Gott, mein Gott, erbarme dich meiner!"

Doch man glaubt, dass dies nicht der Geist des Bischofs, sondern jener des Hochmeisters sei. Der nämlich war mit den Worten: „Auf, den Harnisch her, die Gäule gesattelt. Die Pfaffen haben mich vor Gottes Gericht verklagt. Wer wird sich meiner erbarmen?" aus dem Leben geschieden.

Die Schlacht bei Tannenberg

Ein Vorzeichen

In der Nacht, die der schrecklichen Niederlage der Deutschen Ordensritter bei Tannenberg vorherging, erhob sich ein gewaltiges Unwetter und man konnte am Himmel ein Wunderzeichen erblicken, das den Ausgang des Kampfes wohl verkünden mochte.

In der Gegend des Mondes nämlich sah man einen Mönch, der eine Zeitlang mit einem König kämpfte, zuletzt aber besiegt und vom Himmel verjagt ward.

Auch während der Schlacht selbst sah man einen Mann in polnischer Kleidung über dem Heer des Königs Wladislaw Jagiello schweben, der die polnisch-litauischen Truppen anfeuerte, wenn sie zu weichen begannen, ihnen seinen Segen erteilte und den Sieg versprach. In dieser Erscheinung glaubte man den heiligen Stanislaus, den Schutzpatron Polens, zu erkennen.

Übrigens ...
Tannenberg heißt auf Polnisch Stębark. Die polnische Bezeichnung für die Schlacht orientiert sich jedoch nicht an Tannenberg, sondern an der benachbarten Ortschaft Grünwalde, dem heutigen Grunwald.

Die Kapelle auf der Walstatt

Auf der Walstatt zu Tannenberg, wo die Blüte des Deutschen Ordens dem Schwerte der Polen und Litauer erlag, wurde zum Andenken an dieses unheilvolle Geschehnis durch Hochmeister Heinrich von Plauen eine Kapelle errichtet.

Nachdem dieselbe von den Polen wenige Jahre später schon wieder zerstört wurde, blieb dennoch das verlassene Gemäuer für das Volk eine geweihte Stätte und man hielt den Aufenthalt darin für heilbringend.

Noch lange pflegten sich dort, namentlich am zweiten Pfingsttag, die Umwohner zu versammeln. Kranke, Gebrechliche und Krüppel zogen ihre Strümpfe und Schuhe aus und legten sie nebst ihren Krücken an und auf die Mauer gegen Osten, wo sonst der Altar gestanden hatte.

Nachdem sie noch, nach ihrem Vermögen, ein Opfergeld hinterlegt hatten, zogen sie frohen Mutes wieder heim und waren baldiger Genesung gewiss.

⊛ **Übrigens ...**

Als Walstatt wird in der germanischen Sage der Kampfplatz der Helden bezeichnet. Die Fundamente der erwähnten Kapelle sind inzwischen von polnischen Archäologen freigelegt worden.

Der Bote aus einer anderen Welt

Kurz vor der Schlacht bei Tannenberg befanden sich im Konvent zu Königsberg zwei Ordensleute namens Philipp von Zwistelen und Wigand von Qualenburg, die sich innig liebten. Sie machten einen Bund untereinander, dass derjenige, der von ihnen beiden zuerst stürbe, dem andern erscheinen und verkünden solle, wie es ihm in seiner Welt ergehe.

Und es geschah, dass sie von Königsberg wurden fortgenommen. Der eine war gesetzt zum Hauskomtur auf Labiau, der andere aber zum Mühlmeister von Osterode. Letzterer aber verlor bei Tannenberg sein Leben.

In der Nacht, nachdem er verschieden, kam Bruder Wigand jedoch zurück. Er trat in das Kämmerlein von Bruder Philipp und sprach: „Aus sonderlicher Gnade Gottes komme ich nach meinem Tode gemäß unserer Absprache zu dir. So frage nun, was nützlich ist, denn ich darf nicht lange weilen."

Bruder Philipp antwortete: „Wie geht es zu in jener Welt?"

Der Tote sprach: „Wie es jeglicher verdient, also hat er auch Kurzweil. Und wisse, dass die, welche Knechte bei uns gewesen, dort unsere Herren sind."

Der Lebendige fragte: „Wo bist du, in welcher Kurzweil?"

Der Tote antwortete: „Ich bin da, wo einer ausgeht und tausend eingehen und unsere Kurzweil ist, dass uns eine Stunde zehntausend Jahre dünkt und uns dennoch unzählige Barmherzigkeit geschieht."

Philipp fragte weiter: „Und wie steht es um uns in Gottes Gericht? Werden wir gewinnen oder verlieren?"

Der Geist sprach: „Ich habe gesehen, dass man vor Gott unsere guten und bösen Werke gewogen hat, aber ich sah nicht, welche Schale niederging, denn ich ward weggefordert. Aber eins noch zum letzten: In kurzem wird es geschehen, dass die Herren Knechte werden und unsere Fürstentümer werden Fremde besitzen."

Und nachdem er also gesprochen hatte, verschwand er wieder.

Die Marienburg

Der Schuss auf den Remter

Der große Sommerremter ist das vornehmste Gemach auf der Marienburg. Sein prächtiges Gewölbe wird von einem einzigen Pfeiler von Granit getragen, so dass – wenn dieser stürzt – die ganze Decke herunterfallen muss.

Als nach der Schlacht bei Tannenberg die Marienburg belagert wurde, fand sich darin ein verräterischer Trossbube. Der beschrieb den Polen den Pfeiler und die Beschaffenheit des Remters und versprach ihnen Nachricht zu geben, wenn das ganze Kapitel dort versammelt sei. Er würde dann aus einem Fenster nach dem Nogatfluss zu seinen roten Hut heraushängen und Weisung geben, wohin der Schuss gerichtet werden müsse, um den Pfeiler zu treffen und sicherzustellen, dass unter dem herabstürzenden Gewölbe alle Ritter auf einmal zerschmettert und begraben würden.

Bald darauf versammelte der Hochmeister die Ordensleute im Remter zur Beratung. Da gab der Verräter das verabredete Zeichen und die Belagerer feuerten aus ihrem stärksten Geschütz eine mächtige Steinkugel gegen den Pfeiler.

Diese verfehlte aber ihr Ziel und schlug in die gegenüberliegende Mauer neben dem Kamin ein, wo sie noch heute zu sehen ist.

✎ Übrigens ...

Die Marienburg ist der größte backsteinerne Gebäudekomplex der Welt. Für seine Besichtigung sollte man sich genügend Zeit nehmen. Absoluter Höhepunkt ist der Hochmeisterpalast, in dem sich Ritter- und Mönchtum, Gottesverehrung und Machtstreben, beste Gotik und letzte Möglichkeiten der Backsteinarchitektur in Vollendung widerspiegeln.

Der Sommerremter des Hochmeisterpalastes der Marienburg

Die Muttergottes schützt die Marienburg

Als die Polen und Litauer nach ihrem Sieg bei Tannenberg das Hauptschloss des Ordens, die Marienburg, mit aller Macht belagerten, geschah ein großes Wunder.

König Jagiello hatte einen kunstfertigen Schützen und befahl diesem, seine Büchse auf das große Marienbild am Chor der Kirche zu richten. Hoffte er doch dadurch, die Mauer mit einem Schuss zertrümmern zu können.

In dem Augenblick aber, da der Mann die Büchse abfeuern wollte, wurde er plötzlich blind vor den Augen aller, die zugegen waren.

Auch der litauische Herzog hatte einen tüchtigen Büchsenschützen, einen Russen. Dem hatte er die Zehen abhauen lassen, damit er ihm nicht entfliehen konnte. Als jedoch der Russe vom Schicksal seines erblindeten Kameraden erfuhr, benutzte er die nächste Gelegenheit und lief zu den Ordensleuten im Schloss über. Er ließ sich taufen und ward ein guter Christ und brachte dem Orden durch seine Kenntnis der feindlichen Pläne und durch seine Kunstfertigkeit viel Nutzen.

Später, als er vom Heimweh befallen wurde und nach Litauen fliehen wollte, griff man ihn auf und ließ ihn ertränken.

 **Übrigens ...**
Die Schlosskirche ist der einzige Gebäudeteil der Marienburg, dessen Restaurierung noch nicht abgeschlossen ist.

Der Buttermilchturm

Unter dem Hochmeister Konrad von Jungingen hatte der Deutsche Orden den höchsten Grad von Macht und Reichtum erlangt und auch das ganze Land war reich und zufrieden.

Doch Reichtum gebiert bekanntlich auch Üppigkeit und Laster. So sind auch viele Bauern hochmütig und gottlos geworden. Berüchtigt waren vor allem die Taten der Bauern von Lichtenau im Großen Werder.

Diese hatten einen Pfarrherren, Wolfgang Lindau mit Namen, einen gelehrten und gottesfürchtigen Mann. Der strafte sie öfters von der Kanzel herab wegen ihres üppigen und bösen Lebens und drohte ihnen mit Gottes Zorn.

Das missfiel den Bauern sehr und sie warteten nur auf eine Gelegenheit, sich an dem Pfarrherren zu rächen.

Endlich trug es sich zu, dass sie die ganzen Pfingstfeiertage im Krug gesoffen hatten und zwar so viel Bier, dass von der Hefe, die der Krüger in einem Trog gesammelt hatte, eine Sau sich voll soff und tot liegen blieb.

Diese tote Sau nahmen nun die Bauern, trugen sie in einer ganz finsteren Kammer zu Bett, deckten sie zu und schickten dann zum Pfarrer, ihm sagen zu lassen, dass einer von ihnen plötzlich krank geworden sei und in den letzten Zügen liege und beichten wolle.
Der Pfarrer meinte, es wäre Ernst und kam bald gelaufen. Als er aber mit dem Kranken zu reden begann, bemerkte er die Büberei und meldete sie dem Pfleger des Schlosses Marienburg.

Dieser rüstete mit seinen Mannen, die gottlosen Bauern zu bestrafen. Diese aber schlugen eifrig auf seine Leute ein und nahmen den Pfleger gefangen. Sein Gesinde aber lief zur Marienburg und es kam alsbald eine große Macht des Ordens, welche den Pfleger befreite und die Bauern auf die Marienburg brachte, wo sie in das tiefste Loch gesperrt wurden.
Zur Strafe für ihre Untaten mussten sie die ganze Landstraße vom Krug zu Lichtenau bis zur Marienburg mit Groschen belegen.

Außerdem mit eigenem Geld und mit eigenen Händen einen Turm auf der Marienburg bauen, in dem sie dann ein Jahr lang bei Brot und Wasser gefangen gehalten wurden.
Der Mörtel aber, der zum Bau dieses Turmes verwendet wurde, ward nicht wie sonst mit Wasser, sondern mit Buttermilch bereitet, welche die Bauern herbeischaffen mussten.
Davon heißt das Bauwerk bis auf den heutigen Tag Buttermilchturm.

Von Gotteshäusern und Klöstern

Die fromme Stiftung

Das Nonnenkloster zu Thorn verdankt seine Entstehung einem wunderbaren Sieg der Ordensritter über die Litauer. Folgendes war geschehen:

Nach dem Tod des Hochmeisters Siegfried von Feuchtwangen im Jahr 1311 fiel der litauische König Witen urplötzlich mit 4000 Kriegern in das Gebiet des Ordens ein und verwüstete sowohl das Ermland als auch das Samland, so dass – außer in den festen Städten – kein Stein auf dem andern blieb.

Überall wurden die Kirchen mit allen heiligen Sakramenten entweiht und geschändet. Über 1200 Gefangene, besonders Weiber und Kinder, trieben die Litauer bei ihrem Abzug mit sich fort. Unterwegs lagerten sie in einem Wald im Lande Barten, um die Beute untereinander aufzuteilen. Witen nahm eine Monstranz mit der geweihten Hostie, zeigte sie den Gefangenen und sprach voller Hohn: „Wer ist nun euer Gott, dass er euch und sich selber beschützen mag?" Und die Christen mussten seufzend dazu schweigen.

Aber Witen wurde sofort dafür bestraft, denn die Ritter unter dem Großkomtur Heinrich von Plotzke waren ihm heimlich gefolgt und fielen nun über ihn und seine Leute her und machten sie nieder.

Nur wenige entkamen; unter ihnen Witen, der am Kopf verwundet wurde.

Zum Dank für diesen Sieg stifteten die Ritter zur Ehre Jesu Christi das Nonnenkloster in Thorn und begabten es mit reichen Geschenken.

⚜ Übrigens ...

Thorner Katharinchen waren weit über die Grenzen der Stadt hinaus bekannt und geschätzt. Hier die Rezeptur: 375 Gramm Honig mit 100 Gramm Butter erhitzen. Darin, unter ständigem Rühren, 400 Gramm Zucker auflösen und die Masse abkühlen lassen. 750 Gramm Mehl mit Pfefferkuchengewürz und der abgeriebenen Schale einer Zitrone vermischen, dann 3 Esslöffel kaltes Wasser und die Honigmasse hinzufügen. 25 Gramm Pottasche in 1/8 Liter Rosenwasser lösen und die Flüssigkeit, zusammen mit 250 Gramm Mehl, dem Teig gut untermischen. Nachdem der Teig einige Tage geruht hat, ihn ausrollen, Plätzchen ausstechen, mit Ei bestreichen und auf einem gefettetem Blech bei schwacher Hitze etwa 25 Minuten backen. Zum Schluss mit Zucker- oder Schokoladenglasur überziehen.

Der hartherzige Schuhknecht

Unter dem Hochmeister Conrad Zöllner war eine große Teuerung im Land.

In diesem Hungerjahr ging einmal ein Schuhknecht von Oliva nach Danzig zu. Er trug ein Brot im Busen, das er im Kloster Oliva empfangen hatte.

Auf der Straße kam ihm ein armes Weib mit einem kleinen Kind auf dem Arm entgegen.
Ein anderes lief der Frau nach und schrie fortwährend nach Brot.
Als die Frau bemerkte, dass der Schuhknecht ein Brot im Busen trug, bat sie ihn heftig um Gottes Willen, ihr ein Stück davon abzulassen, das sie den Kindern geben wolle.
Doch der Schuhknecht sagte, das sei kein Brot, sondern nur ein Stein, um sich der Hunde zu erwehren und ging dann herzlos seines Weges.
Als ihm aber nachher hungerte und er von dem Brot essen wollte, war es wirklich zu hartem Stein geworden.

Da erschrak er heftig, lief nach Oliva zurück, bekannte seine Schuld und hing den Stein als mahnendes Zeichen in der dortigen Klosterkirche auf.

 **Übrigens ...**

Ein Besuch der Zisterzienserkirche im etwa zehn Kilometer von Danzigs Zentrum entfernten Stadtteil Oliva, der auf Polnisch Oliwa heißt, lohnt allein wegen der 7000 Pfeifen zählenden berühmten barocken Orgel, deren außerordentliche Klangfülle in den Sommermonaten mehrmals am Tag den Gästen demonstriert wird.

Die Warnung Gottes

Die Bewohner von Tiedmannsdorf hatten seit alten Zeiten am Fest des heiligen Johannes, dem 24. Juni, gleichgültig, auf welchen Tag das Fest eintrifft, eine Wallfahrt zur Kirche des benachbarten Dorfes Groß Rautenberg gelobt.

Da aber das Fest in der Regel in die Heuernte fällt und um diesen Erntetag nicht zu verlieren, beschloss man eines Tages, niemals mehr an einem Wochentag, sondern an dem auf St. Johann eintreffenden oder folgenden Sonntag besagte Wallfahrt zu machen.
Aber gleich das erstemal wurden die Leute auf wundersame Weise verwarnt und an ihr Gelöbnis erinnert.

Während sie am St. Johannistag auf den Feldern bei der Heuerente waren, stiegen plötzlich mächtige Rauchwolken aus Tiedmannsdorf auf und wurden immer größer und dichter. Es konnte kein Zweifel daran bestehen, dass das ganze Dorf in Flammen stand und verloren war.
Eiligst ließen die Menschen ihre Arbeit im Stich und rannten heimwärts.

Dort angekommen, staunten sie nicht schlecht. Denn nicht ein einziges Haus brannte. Da erkannten sie, dass es der warnende Finger Gottes gewesen war, der ihnen ein Zeichen gegeben hatte.

Fortan hielten sie die alte Wallfahrt getreu an eben dem Wochentag, auf den St. Johann nun fiel, bis auf den heutigen Tag.

Und niemand rührt mehr irgendeine Arbeit an.

Übrigens ...
In Ostpreußen war einst ein reiches Brauchtum zu Johannis im Schwange. So flocht man im Samland einen Kranz aus neunerlei Kräutern und legte ihn aufs Kopfkissen, damit alle Träume in Erfüllung gingen. Als Johannisfeuer wurde an verschiedenen Orten ein Fass mit Teer und Reisig in Brand gesetzt, das man unter dem Motto „Langer Dag, korte Nacht" umtanzte.

Die Karkelner lästern Gott

Die Karkelner Fischer bauten sich ihre Kirche. Als auch der Turm fertig war, fuhren sie mit einem Kahn nach Königsberg, um sich dort zwei Glocken zu holen.

Bald war der Kauf abgeschlossen und freudig gestimmt segelten sie dem Heimatdorf zu. Die Mannschaft betrank sich.

Als sie auf das Haff kamen, setzte ein starker Sturm ein, so dass der Kahn in große Gefahr geriet. Die betrunkenen Karkelner fingen fürchterlich zu fluchen an und stießen Gotteslästerungen aus. Da erschauerten die frommen Glocken und fingen plötzlich an, sich zu bewegen. Eine von ihnen sprang mit einem Satz in das bewegte Wasser hinein, weil sie die Reden der Männer nicht mehr mit anhören konnte. Das geschah in der Nähe von Gilge.

Die Fischer erschraken und waren plötzlich wieder nüchtern. Sie hielten nun mit aller Gewalt die zweite Glocke fest, die sich der anderen nachstürzen wollte. Und es gelang ihnen auch, diese glücklich nach Hause zu bringen.

Nachdem sie diese Glocke auf den Kirchturm gebracht und dort aufgehängt hatten, begannen sie mit dem Läuten.

Doch wie erstaunten sie, als die Glocke klagend und traurig rief: „Bruder Martin, auch ich wollte mich dort ertränken!"

Das ruft die Glocke heute noch.

Übrigens ...
Karkeln heißt heute auf Russisch Myssowka. Es war einst das reichste Dorf am Kurischen Haff. Wenn der Karkelstrom Hochwasser führte, wurde jedes Haus zur Insel. Deshalb nannte man Karkeln auch das „Kurische Venedig".

Die Kirche von Puschdorf

Dicht an der Straße von Puschdorf nach Insterburg liegt ein mit Eichen und Tannen beschatteter runder Hügel, der alte Kirchhof genannt, von welchem man eine prächtige Aussicht hat.

Hierher wollten die Puschdorfer vor langer Zeit eine Kirche bauen. Aber den Engeln im Himmel gefiel diese Stätte nicht. Und so oft man Holz und Steine auf den Berg schaffte und zu bauen anfing, kamen nachts die Engel und trugen alles wieder talwärts in das Dorf zurück.

Alle Arbeiten der Leute auf dem Hügel erwiesen sich als vergeblich. Morgens fand man das Bauwerk immer nach Puschdorf geschafft.

Da gaben die Einwohner dem höheren Willen nach und errichteten die Kirche an ihrer jetzigen Stelle.

Als im Jahr 1757 die Schlacht bei Groß Jägersdorf geschlagen wurde, bei der die Russen durch ihre große Übermacht den Sieg davontrugen, wurde ganz Puschdorf niedergebrannt und nur die Kirche blieb unversehrt.

Wie das zugegangen ist, weiß man nicht, denn wenige Schritte davon entfernt brannten die strohgedeckten Häuser nieder. Und obwohl die Flammen schon am Kirchendach empor züngelten und die Russen Feuerbrände in das Gotteshaus hinein warfen, wollte es kein Feuer fangen.

Ein wunderbarer Schutz bewahrte die so wundersam begründete Kirche vor dem Verderben.

 **Übrigens ...**
Wie Groß Jägersdorf ist auch Puschdorf heute russisch. Der Name der letzteren Ortschaft rührt vom litauischen Wort „puszis" = „Fichte". Aus Insterburg wurde das russische Tschernjachowsk.

Von der Marienkirche zu Danzig

Wie im Münster zu Straßburg, so ist auch in der hiesigen Marienkirche ein treffliches Uhrwerk. Das hat ein Nürnberger Meister namens Hans Düringer gefertigt.

Zwei große Scheiben zeigen Sonnen-, Planeten- und Mondeslauf, des Tierkreises Bilder und die heiligen Feste und Zeiten. Wandelnd treten, in sinnreichen Bildnissen ausgedrückt, die Evangelien von Sonntag zu Sonntag vor die Augen der Frommen. Die zwölf Apostel schreiten im Kreis hervor, die Tagesstunden bezeichnend. Über ihnen schlagen Adam und Eva auf Glocken, die Stunden und Viertelstunden anzuzeigen. Und auch die Jahreszeiten werden vorgestellt.

Herrlich war das Werk im Gange und erwarb die Bewunderung aller Welt.

Da geschah, was auch in Straßburg sich begab. Der Neid erwachte. Der Künstler sollte kein zweites Werk dieser Art vollbringen und ward deshalb geblendet.
Vorgebend, im Uhrwerk noch etwas nachsehen zu müssen, ward er dort hingeführt. Da hemmte er durch einen einzigen geschickten Griff des Werkes Gang und stürzte sich in die Tiefe.

Der Marienkirche höchster Stolz und größter Schmuck ist ein Gemälde des Jüngsten Gerichts, vollendet von den Künstlerhänden des berühmten Johann van Eyck und seines Bruders Georg. Dieses herrliche Bild hatte der Papst für Rom bestellt. Aber der Himmel bestellte es für Danzig. Ein Seeräuber erbeutete das Schiff, auf dem es nach der Heiligen Stadt befördert werden sollte. Doch ein Danziger Kapitän gewann es im Kampf von dem Dieb wieder zurück und schenkte es seiner Vaterstadt.

Andere wiederum sagen es anders: Jenes holländische Schiff sei gescheitert und das Bild in einer Kiste auf dem Meer schwimmend von einem Danziger Schiffer aufgefunden worden.
Der König von Frankreich habe vergebens eine Tonne Gold für das Kunstwerk geboten.

⟨?⟩ **Übrigens ...**
Hans Düringers berühmte Uhr ist inzwischen wieder restauriert, voll funktionsfähig
und begeistert seit nunmehr über 500 Jahren die Besucher. Das in obiger Sage
erwähnte Gemälde des Jüngsten Gerichts stammt nicht von Jan van Eyck, sondern
von Hans Memling und befindet sich heute im Nationalmuseum. In der Kirche ist
nur eine Kopie.

Heiligelinde

Nach der Zerstörung der heidnischen Götterstätte nahe Rastenburg blieb doch dem Volk, obschon es zum Christentum bekehrt war, die Stelle lieb und wert und es wurde auf jenem Hügel eine junge Linde gepflanzt.

Nun saß einmal vor vielen hundert Jahren zu Rastenburg ein Missetäter auf den Tod gefangen. Dem erschien, weil er reuig war, am Tag vor seiner anberaumten Hinrichtung die heilige Jungfrau. Die sprach ihm tröstlich zu und gab ihm ein Messer und ein Stück Holz und sagte: „Schnitze aus dem Holz, wozu du Lust hast, und setze das Bildwerk dann auf eine Linde."
Solches tat er und begann zu schnitzen. Am nächsten Morgen war es die kostbarste Schnitzerei geworden – ein wunderbares Marienbild mit dem Jesusknaben auf dem Arm.
Nachdem der Gefangene von der Wundererscheinung berichtet hatte, wollte ihn der Rat zu Rastenburg nicht mehr richten, sondern gab ihn frei, damit er Marien Befehl vollziehe.
Darauf ist der Mann aus Rastenburg gegangen, gen Rößel zu. Aber er ist vier Tage herumgeirrt, bis er eine Linde fand. Und das war auf dem alten, eingangs erwähnten Götterhügel. Darauf stellte er nun sein Bild.

Als das Kunstwerk auf dem Baum stand, blieb dieser sowohl im Sommer als auch im Winter grün und das Bild begann Wunder zu wirken.
Ein Blinder ward vorbeigeführt. Der sah einen hellen Schein. Dem ging er nach. Und als seine Hand die Linde berührte, wurden seine Augen aufgetan.
Selbst das Vieh beugte die Knie vor dem Bild.
Da nun die Rastenburger von den Wundern hörten, wollten sie es bei sich verehren und in gute Obhut nehmen. Sie stellten eine große Prozession an und zogen über Poswangen und Pötschendorf nach dem Hügel und holten das Bild. Allein am anderen Morgen war es fort und wieder an der alten Stelle.

Da haben die Rastenburger eine noch größere Prozession angestellt und sind wieder hingezogen und haben das Bild geholt. Doch es erging ihnen auch diesmal nicht anders als beim erstenmal. Das Bild kehrte zu seiner Linde zurück, wo es bleiben wollte.
Darauf wurde dort eine Kapelle gebaut und es entstand eine große Wallfahrt. Und ein Ort baute sich an. Der wurde Heiligelinde genannt.

Übrigens ...
Das Kloster Heiligelinde (Święta Lipka) gehört zu den meist besuchten touristischen Orten in ganz Masuren. Die Legende datiert die Entstehung des berühmten Wallfahrtsortes auf das Jahr 1311. Das heutige, fast südländische Gepräge der Klosteranlage stammt aus barocker Zeit.

Der berühmte Wallfahrtsort Heiligelinde mit seiner barocken Kirche

Der Läufer ohne Kopf

Als im Jahr 1261 die Preußen die Burg zu Königsberg hart belagert hielten, suchten sie die darin liegenden Ordensbrüder durch Hunger zu bezwingen.

Deswegen bauten sie über den Pregel mehrere Brücken und an jeder Brücke einen festen Turm, so dass ohne ihren Willen nichts in die Burg gebracht werden konnte.
Solches litten aber die Ritter in der Burg nicht lange und sie fielen heraus auf die arbeitenden Preußen, schlugen diese in die Flucht und zerstörten die Werke, die sie errichtet hatten.
Bei dieser Gelegenheit trug es sich zu, dass ein Ordensbruder namens Gebhard, aus Sachsen gebürtig, einem flüchtenden Preußen nacheilte und ihm so geschwind den Kopf abhieb, dass der Mann noch genau 29 Schritte ohne seinen Kopf lief, ehe er dann zu Boden fiel und sich nicht mehr rührte.
Dessen waren die Ordensleute auf das höchste verwundert und alle versicherten, so etwas noch niemals gesehen zu haben.

Bei derselben Belagerung Königsbergs fand einmal ein Preuße die gespannte Armbrust eines Ritters und hing sie sich mit der Sehne um den Hals.
Seine Gefährten kamen heran und bewunderten das seltsame Ding. Und da sie nicht wussten, wie es damit bestellt war, tasteten, klopften und zogen sie daran herum, bis einer von ihnen zufällig den Abzug berührte.
Da schnellte die Sehne los und zerschlug dem unglücklichen Träger die Gurgel, so dass er starb.
Daher hatten die Preußen späterhin gewaltige Angst vor den Armbrüsten.

✧ Übrigens ...
Das alte Königsberg, der ehemalige Hochmeistersitz des Deutschen Ordens,
die Residenz der Herzöge von Preußen und die Hauptstadt Ostpreußens,
ist untergegangen; das russische Kaliningrad ist eine andere, neue Stadt.

Der starke Ritter

Im gleichen Jahr 1261 schickte der Komtur von Königsberg den Ordensbruder Ulrich von Magdeburg auf einem Schiff vor das Tief, um die dort liegenden Schiffe und Waren vor einem Überfall der Preußen zu schützen.

Auf einmal aber kamen fünf preußische Schiffe heran mit starker Mannschaft; die eilten sehr auf Bruder Ulrich zu, in der Hoffnung, da er nur mit wenigen Leuten war, ihn und sein Schiff leicht in ihre Gewalt bringen zu können.
Allein Ulrich geriet wenig in Furcht, denn es hatte ihm Gott eine solche Stärke des Leibes gegeben, dass er damit alle Männer übertraf.
So wie er daher die Gefahr sah und die Preußen ihm nahe gekommen waren, ergriff er den Mastbaum seines Schiffes und schlug damit auf das nächste Schiff der Preußen, worin fünfzig starke Männer waren, so heftig ein, dass es Wasser schöpfte und versank.
Da das aber die anderen sahen, nahmen sie die Flucht.

Dieser Ulrich hat oftmals zwei vollständig gerüstete Männer, wenn er sie nur beim Gürtel am Rücken anfassen konnte, auch wider ihren Willen mit zwei Fingern in die Höhe gehoben.

Im Speicherviertel von Königsberg

✍ Übrigens …
Obwohl Königsberg nicht direkt an der Ostsee liegt, ist seine Geschichte doch auf das engste mit dem Meer verbunden. Den Jägern und Fischern, die schon mehr als 1500 Jahre vor Christi hier siedelten, folgten die Altpreußen, die Wikinger, lübische Kaufleute und der Deutsche Orden – der auch eine große Flotte unterhielt.

Die zwölf Johannes

In Königsberg waren ihrer zwölf. Die hießen allesamt Johannes und hatten gehört, dass einem, der Johannes heiße, der Teufel nichts anhaben könne.

Diese zwölf Gesellen taten sich zusammen, um den Teufel zu berufen, ihm ihre Armut zu klagen und sich von ihm reich machen zu lassen.

Sie gingen hinauf auf den Glappenberg, der jetzt Rollberg heißt, zogen einen Kreis, stellten sich hinein und begannen den Teufel zu beschwören. Sie wünschten sich vornehmlich jeder einen Schilling, der stets Geld heckte.

Es war ihr Glaube, der Teufel bringe dreizehn Schillinge den Beschwörern dargetragen. Einer davon gehöre ihm. Und wer nun durch Los oder Glück den Teufelsschilling empfange, dessen Seele verfalle beim Tod dem Teufel. Die anderen Elf aber gingen frei aus. Da nun aber, so rechneten die Beschwörer, der Teufel ihrer keinem etwas anhaben könne, weil sie alle Johannes hießen, so sei keine wirkliche Gefahr dabei. Der Teufel müsse die Schillinge bringen und den Unglücksschilling für sich behalten.

Doch es kam ganz anders. Der Teufel kam nämlich nicht in freigiebiger brutpfennigspendender Laune. Er führte lange Gespräche mit seinen Beschwörern und diese in allerhand Sprachen. So verwirrte er ihre Sinne so sehr, dass vier von ihnen niederstürzten und ihren Geist aufgaben. Vier andere wurden irrsinnig. Die restlichen rannten davon und gelobten zur Buße ihrer Freveltat eine Wallfahrt nach Sankt Jakob in Compostela.

Solcherlei ist geschehen unter der Regierung des Hochmeisters Hans von Tieffen.

☺ **Übrigens ...**
Der Hochmeister Johann von Tieffen residierte 1489 bis 1497.

Hans von Sagan

Der schönste Teil der Stadt Königsberg bestand bekanntlich aus dem Kneiphof, welcher früher eine Stadt für sich war und den Namen seines Erbauers trug, dem Hochmeister Winfried von Kniprode.

Diese Stadt hatte in ihrem Wappen eine Hand mit einem blauen Ärmel, welcher eine Krone trägt. An den Seiten sind zwei Hörner.

Mit diesem blauen Ärmel hat es folgende Bewandtnis: In der Rudauschen Schlacht ging es hart her für den Orden und seine Streiter begannen bereits zu weichen. Da trat ein Schustergeselle namens Hans von Sagan aus dem Kneiphof auf. Er ergriff die schon niedergefallene Fahne, richtete sie wieder auf und machte dadurch und durch sein Zureden das schon flüchtig gewordene Ordensvolk wieder beherzt und freudig, so dass die Schlacht gewonnen und das Feld behauptet wurde.

Derselbe Schustergeselle trug aber einen blauen Ärmel. Deshalb verlieh der Orden der Stadt in ihrem Wappen eine Hand mit einem blauen Ärmel und gab der Bürgerschaft alljährlich am Himmelfahrtstag auf dem Schloss ein großes Bankett, welches das „Schmeckbier" genannt wurde.

Das letztere deshalb, weil Hans von Sagan, als der Hochmeister nach der gewonnenen Schlacht ihn aufforderte, sich eine Gnade auszubitten, nichts weiter verlangte, als dass alljährlich am Himmelfahrtstag den Kneiphöfschen Bürgern zur Lust und Freude ein Gastmahl im Schloss, und zwar auf Unkosten der Herrschaft, gegeben werde.

Auch auf dem Schloss soll sich früher das Andenken an Hans von Sagan gefunden haben. Und zwar auf dem Turm nach dem Schlossteich zu, wo die Gestalt des Schustergesellen als Wetterfahne die Windrichtung anzeigte.

Übrigens ...

Die Schlacht von Rudau spielte im Jahr 1370. Das Ordensheer besiegte damals die Litauer unter den Fürsten Kynstut und Olgierd, musste aber selbst starke Verluste hinnehmen. So fielen sowohl der Ordensmarschall Henning Schindekopf als auch zahlreiche Komture und Ritter. Rudau, im östlichen Samland, heißt heute auf Russisch Melnikow.

Die sonderbare Leiter am Dom

Wie stark man in alten Zeiten das Mauerwerk gearbeitet hat, davon hat man ein Wahrzeichen an der Domkirche zu Königsberg und zwar an jener Seite, die zum alten Kollegiengebäude gerichtet ist.

Daselbst ist an der Kirchenmauer ein Ziegel an den anderen gelegt, so dass man auf demselben stehen kann.

Dieses aber hat folgenden Grund: Als man den Arbeitsleuten, welche die Kirche bauten, das Essen hat hinaufreichen wollen und es an einem Gerüst fehlte, auf welchem man zu den Leuten hinaufsteigen konnte, hat der Maurer etwas Kalk an die Mauer geworfen und einen Ziegel darauf gelegt, welcher alsbald dergestalt anklebte, dass von Stund an einer hat aufsteigen und den Arbeitsleuten das Essen hat hinaufreichen können.

Andere erzählen, als die Mauer fertig gewesen sei, habe der Baumeister gleichsam aus Übermut jene vorspringenden Ziegel dagegen geworfen und durch die große Güte des Kalks seien sie alsbald kleben geblieben.

 **Übrigens ...**
Der Königsberger Dom, dessen Grundstein 1333 gelegt wurde und der im
Zweiten Weltkrieg in Schutt und Asche versank, ist wieder aufgebaut worden.

Von dem Dr. Osiander

In der ehemaligen altstädtischen Kirche zu Königsberg befand sich unweit des Altars der Grabstein des Doktors der Theologie Andreas Osiander aus Nürnberg, welcher zu Königsberg am 17. Oktober 1552 verstorben ist.

Derselbe war ein gar namhafter Prediger und Lehrer. Aber in jenen Zeiten war viel Hass und Zwietracht unter den Pfaffen. Und so erwuchs auch dem Osiander vielerlei Streit und Nachrede unter den anders denkenden Gottesgelehrten.
Derohalben hörte man, obgleich er bei großer Versammlung des Volkes und in Gegenwart des Herzogs Albrecht und dessen ganzen Hofstaat begraben wurde, doch einige Tage nach seinem Begräbnis, der Teufel habe ihm den Hals umgedreht und seinen Körper ganz zerrissen.
Daher der Herzog durch dieses Gerücht bewogen ward, den Leichnam durch das Altstädtische Gericht besichtigen zu lassen, um die Verbreiter des Gerüchts Lügen zu strafen.
Als aber der Sarg geöffnet wurde, fand man die Leiche Osianders nicht darin, dagegen den Leichnam eines anderen Menschen, welcher im Leben Nickel Balthasar geheißen hatte.
Darüber entsetzten sich alle.

Aber den Stein deckte man wieder über die Gruft.

Die alte Universität von Königsberg

⚜ Übrigens ...

Andreas Osiander wurde 1498 im fränkischen Gunzenhausen geboren. 1523 hörte der Hochmeister Albrecht in Nürnberg den Anhänger Luthers predigen und traf sich kurze Zeit später selber heimlich mit diesem. Dabei erhielt er von Luther den Rat, den Ordensstaat in ein weltliches Herzogtum umzuwandeln. Osiander, der als Pfarrer und als Universitätsprofessor in Königsberg wirkte, tat in seiner Vorrede zu Nicolaus Copernicus' Buch „De revolutionibus" dessen geniale Erkenntnis, dass sich die Erde und die Planeten um die Sonne bewegen, als bloße Hypothese ab.

Der Katzensteig

In Königsberg von der Tuchmacherstraße nach der Löbenichtschen Bergstraße führt ein schmaler Steig, der den Namen Katzensteig trägt und man möchte den Grund dieses Namens leicht darin finden, dass wirklich, besonders im Winter, die Turnkunst einer Katze dazu gehört, um ihn zu passieren.

Der Grund liegt aber tiefer. In der Bergstraße wohnte nämlich eine Frau, welche die Brauerei betrieb und nebenbei auch die Hexerei.

Sie und ein anderes Weib verwandelten sich alle Nacht in Katzen und gingen mit einem Braukessel den Katzensteig hinunter nach dem Pregel und gondelten dann in dem Kessel auf dem Wasser herum.

Die Wache, welche früher an der Holzbrücke stand, sah dieses sonderbare Schauspiel oft an. Und von ihr erfuhr es auch der Brauknecht der Hexe. Als er sich dann in der Brauerei auf die Lauer legte, sah er wirklich, dass die beiden Hexen mit seinem Kessel abgingen und zum Pregel wanderten.

Nun erzählte er das, was er beobachtet hatte, diesem und jenem und das Gerede kam endlich auch zu Ohren der Frau, die darüber sehr böse auf den Brauknecht ward und sich an ihm zu rächen vornahm.

Eines Tages nun, als der Knecht am Braukessel steht, kommt eine große Katze, umwindet ihn schmeichelnd, versucht ihn dabei aber in den Kessel zu werfen. Ihm ward ganz bange zu Mut, indes hat er doch noch so viel Fassung, dass er das heilige Kreuz schlägt, die Katze sodann mit beiden Händen ergreift und sie in das siedende Gebräu wirft.

Andern Tages fand man die Bräuerin im Kessel liegen, schon ganz verkohlt.

Übrigens ...

Zum Bier, so die Einheimischen, isst man am besten „Königsberger Fleck". Demzufolge galten diese – und nicht die hierzulande besser bekannten „Königsberger Klopse" – als ostpreußisches National- gericht. Um den Pansen des Mastochsen zu einem Magenschmaus werden zu lassen, bedarf es Mark- knochen, Sellerieknollen, Petersilienwurzeln, Zwiebeln, einer Möhre und mindestens sechs Gewürze – darunter unbedingt Majoran.

Die wandernde Traube

In alten Zeiten befand sich in der Schlosskirche, dort wo jetzt der königliche Stand ist, am Gewölbe eine Hand mit einem leeren Beutel, aus Gips geformt.

Solche Hand soll der Maurermeister nach vollendeter Arbeit verfertigt haben, weil ihm von dem ganzen Verdienst nichts übrig geblieben war.

Andere machen zum Wahrzeichen eine aus Kalk oder Stein verfertigte Traube im Gewölbe, die der Meister dort angebracht habe – zum Zeichen, dass er seinen ganzen Verdienst vertrunken habe. Dafür soll aber der Mann nicht eher selig werden können, als bis die Traube ganz von ihrem Platz abgefallen ist.

Einstmals, im Jahr 1647, am 16. Februar, ging sie mitten in der Predigt los und man sah sie sich herunter lassend vom Gewölbe und eine gute Handbreit von der Mauer in freier Luft baumeln. Darob fürchteten sich viele Leute und die, die darunter gesessen, standen auf und gingen an einen anderen Platz. Meinten sie doch, dass die Traube jeden Augenblick ganz herunter fallen würde.
Allein sie fiel nicht, sondern blieb schweben.

Und am anderen Morgen wurde sie, ohne dass eines einzigen Menschen Hand sie angerührt hatte, an ihrem Ort wieder fest gefunden.

 **Übrigens ...**
Die – heute verschwundene – Schlosskirche geht auf Herzog Georg
Friedrich von Brandenburg zurück, der zwischen 1577 und 1603 regierte.

Die Schatzgräbermönche

Bei Königsberg liegt ein vereinzelter Berggipfel mit schöner Aussicht. Der heißt der Galtgartenberg oder der Rinau.

Auf diesem Berg war vorzeiten auch ein Heidenheiligtum, wo ein Abgott des Namens Ligo verehrt worden sein soll. Später opferte man hier auch den Preußengöttern Curcho, Warskaitos und Ischwambrat.

Als der Deutsche Orden das Samland eroberte, zerstörte er auch dieses Heiligtum. Wiederum Jahrhunderte später verdrängte Luthers Lehre den Marienorden. Die Klöster wurden aufgehoben und die Mönche und Nonnen waren nunmehr Herden ohne Hirten.

Da waren vierzehn Mönche. Die hatten nichts mehr zu leben, wohl aber manche Kenntnis von geheimen Dingen. Und die wussten wohl, dass auf dem Galtgartenberg Schätze vergraben waren und zwar in nicht geringer Zahl.

So wanderten sie eines Tages heimlich hinauf, gar wohl mit allem versehen, was zum Schätzegraben nötig war. Dabei stießen sie in einem zerfallenen Gemäuer auf ein verborgenes Gewölbe. Darinnen standen große Urnen. Aber bei jeder lag ein großer schwarzer Hund und jedem der Tiere rauchte es aus dem Maul.

Das war ein so giftiger Brodem, dass gleich fünf Mönche tot niederstürzten und drei andere, die mit den übrigen flohen, des andern Tages starben.

Da sahen die sechs übrigen Mönche, dass sie doch nicht alles, was zum Schätzegraben nötig ist, mit sich getragen hatten. Und sie beredeten sich, es noch einmal zu versuchen, aber mit besserem Rüstzeug.

Sie gingen also nochmals auf den Berg hinauf, nahmen Heiligenbilder mit, mit geweihtem Öl bestrichen, und das Allerheiligste. Als sie eine heilige Messe lasen und Litaneien sangen, verschwanden die Hunde und der Gifthauch ward nicht mehr verspürt. Die Urnen konnten ohne Beschwerde hinweggenommen werden, nur waren sie sehr schwer. Die Mönche hatten eine große Freude und es war schön anzusehen, wie jeder eine große schwere Urne vom Berg herunter trug, dass er schwitzte und keuchte, denn diese Töpfe waren einige Fuß hoch und hatten Bäuche fast wie die der Mönche.

Im Beisein des Bischofs und des Hauskomturs schritten sie nun zur sorgfältigen Untersuchung des Inhalts. Doch sie fanden nur Knochenreste und Asche, aber von Metall – geschweige Gold – keine Spur.

Da zogen die Mönche lange Gesichter und schoben die Sache auf den Teufel, der den Inhalt der Gefäße verwandelt haben soll.

Die Vierbrüder-Säule

In der Kapornischen Heide, unweit von Königsberg, steht mitten auf dem Weg eine Säule, die man die Vierbrüder-Säule nennt.

Dieselbe ist von Holz und 24 Fuß oder vielleicht noch etwas mehr hoch. Oben darauf sind auf vier herausragenden Armen so viele ausgeschnitzte bärtige Manneskopfe mit Helmen aufgesetzt. Die Säule stand schon vor undenklichen Zeiten. So oft sie auch schon umgefallen oder zerstört worden ist, hat man sie aus öffentlichen Mitteln immer wieder ausgebessert und aufgerichtet. Früher waren hiermit allerlei Zeremonien verbunden gewesen, die hat man jetzt aber vergessen und es ist nur noch die eine übrig geblieben, dass der Zimmermann, der sie in Stand setzt, sich vor ihr verneigt und ihr mit lauter Stimme wünscht, dass sie lange stehen bleiben möge.
Wie diese Säule entstanden ist, darüber hat man mancherlei Erzählungen und Mutmaßungen. Einige sagen, es seien an der Stelle vier Brüder geviertelt worden, welche große Mörder gewesen waren. Andere behaupten, dass daselbsten vier Brüder eine Reise durch die ganze Welt verabredet hätten und auseinander gegangen wären, um sich eben hier nach vielen Jahren wieder zusammen-zufinden.

Die wahrscheinlichste ist die folgende Erzählung: In den Kriegen gegen die heidnischen Sudauer bedienten sich die Ordensbrüder vielfach preußischer Freibeuter, die zum Christentum bekehrt waren. Diese waren höchst mutig und verschlagen, taten dem Feind viel Abbruch und hielten den Brüdern treue Freundschaft.

So hatten einst einige dieser Freibeuter zusammen mit vier Ordensleuten ein sudauisches Dorf zerstört und dann mit reicher Beute den Rückweg angetreten.

Während sie danach auf der Heide rasteten und ihr Mahl bereiteten, wurden sie plötzlich von den Feinden, die ihnen unbemerkt gefolgt waren, überfallen. Dabei fanden die vier Ordensleute den Tod.

Doch die entkommenen Freibeuter kamen wieder zurück und überraschten die Sudauer im Schlaf. Nachdem sie diese allesamt getötet hatten, hängten sie deren Waffen an einem starken Pfahl auf – zum Gedächtnis der vier Ordensleute.

Übrigens ...
Die Kaporner Heide erstreckt sich von Fischhausen
(Russisch: Primorsk) bis Moditten am Frischen Haff.

Von Hexen und Zauberern

Entweihte Oblaten

Eine Schankbesitzerin in Nikolaiken hatte unter dem Schuppen, in welchem der Branntwein hergestellt wurde, eine Oblate einmauern lassen. Seitdem strömten die Menschen in den Schank und sie wurde reich.
Aber sie hatte nach dem Tod keine Ruhe, bis sie ihrem Mann durch ein Sonntagskind die Sache anzeigte und dieser die Oblate auffand und in die Kirche brachte.

Wenn einer beim Heiligen Abendmahl die Oblate nicht herunterschluckt, sondern sie im Mund behält, dann bekommt er Macht über die Bienen.
So machte es einst eine alte Frau. Sie behielt die Oblate im Mund und, wenn sie auf dem Weg von der Kirche an fremden Bienenstöcken vorbeikam, so hauchte sie in diese hinein. Dann flogen ihr diese hinterher, so dass die Frau schon bald einen großen Bienenstand hatte.

Wenn sie von einem der Bienenväter zur Rede gestellt wurde, so brachte sie die Bienen wohl gegen eine hohe Belohnung zurück, doch das half nicht viel, denn in der nächsten Neumondnacht flogen sie der Hexe wieder zu.

Übrigens ...
Aus dem deutschen Nikolaiken wurde das polnische Mikołajki – der meist frequentierte Ort der Masurischen Seenplatte. Besonders in den Sommerferien treten sich hier die Touristen auf die Füße. Da sich die vielen hiesigen Schankbesitzer über mangelnde Kundschaft nicht beklagen können, liegt der Verdacht nahe, dass besagte Oblate doch nicht in die Kirche zurückgebracht wurde ...

Ansicht des alten Nikolaiken zwischen dem Nikolaiker See und dem Talter Gewässer

Verrufene Kühe

Diese kann man zwingen, sich zu offenbaren. Zu diesem Zweck wird die Milch von verhexten Kühen – solche Milch kocht nicht über – mit neun ungebrauchten Stecknadeln zusammen in ein Gefäß getan und gekocht. Dabei schlägt man die Milch mit Birkenruten.

Dann wird bald jemand ins Haus kommen. Man darf diese Person aber nicht über die Schwelle treten lassen und ihr keine Frage beantworten, soviel sie auch sicherlich fragen wird.

In den nächsten drei oder neun Tagen darf ihr auch nichts aus dem Haus verborgt werden, sonst verliert die Kuh die Milch ganz. In Groß Karnitten hatte einmal eine Flurnachbarin die Milch behext. Die Frau, der die Kuh gehörte, machte es dann wie oben mit der Milch, den Stecknadeln und den Birkenruten. Und dann stand auch schon die Nachbarin auf der Schwelle. Sie fragte vieles, bekam aber nur grobe Antworten. Sie fragte auch, was da gekocht würde, und dabei musste sie sich winden und drehen, denn die mitgekochten Stecknadeln spicken den, der die Milch behext hat. Zuletzt ging die Frau weg.

Aber am siebenten Tag, als der kleine Junge das Vieh austrieb, kam die böse Frau und bat um ein Messer. Der gute Junge lief auch gleich ins Haus und holte das Gewünschte.

Als das der Mann hörte, dem die verrufene Kuh gehörte, da schlug er dem Jungen eins tüchtig an die Ohren.

Aber was half's? – Die Milch, die sich schon beinahe gemehrt hatte, wollte sich von da ab nicht mehr mehren und die Kuh blieb verrufen.

 **Übrigens ...**
Groß Karnitten heißt heute auf Polnisch Karnity.

Die Hexe zu Königsberg

Im Jahr 1569 ward zu Königsberg ein Weib, Stasy genannt, wegen Zauberei gefährlich eingezogen. Außer vielen anderen gefährlichen Stücken hat selbige auch mit dem Teufel eingehalten.

Dieser hat sie denn auch als ein feiner, schlanker Geselle in schönen Gewändern, mit geschlitzten Hosen und Wams bekleidet, noch oft im Gefängnis besucht und ist von ihr Junker Jakob genannt worden.

Die Frucht dieses Umganges war ein grässlicher Wechselbalg, den die Stasy, nachdem sie schon lange Zeit im Verließ gewesen, geboren hat und bei dem alle Glieder verkehrt gewesen waren.

Dass selbiges ein Kind des Teufels gewesen ist, hat die Stasy selbst bekannt. Gefragt, wie dieser sich gegen sie benommen, sagte sie, ebenso wie ihr früherer Ehemann. Nur dass dieser warm, jener aber eiskalt gewesen sei.

Die Zauberin ward am 5. Mai 1570 verbrannt, ohne dass ihr Buhle sie vom Tod gerettet hätte.

 **Übrigens …**
Festnahme und Hinrichtung der „Hexe" Stasy fallen in die
Regierungszeit des Markgrafen Albrecht Friedrich von Brandenburg.

Die Schwarzkünstlerin von Rößel

Einst wurden einem Bauern zwei Pferde aus dem Weidegarten gestohlen und der Nachbar kam und sagte: „Mensch, geh nach Rößel zur Schwarzkünstlerin, die wird dir sagen, wo deine Pferde sind."

Und der Bauer ging nach Rößel zu der Frau. Und wie er in der Stube war, da wurde ihm so angst. Und die Schwarzkünstlerin schrie: „Caspar, Caspar!" Aber alles blieb still. Und die Frau sagte zum Bauern: „Geh weg und komme auf den Abend wieder. Ich werde noch einmal fragen, wenn es dunkel wird, Er will dich nicht sehen."

Und der Bauer ging, aber er blieb auf dem Hof und versteckte sich auf einem Schuppen. Und als es nun dunkel wurde, da kam die Frau vor die Tür und schrie wieder: „Caspar, Caspar!" Und da kam ER. Und sie frug ihn, wo die Pferde wären. Und nachdem sie es erfahren hatte, fragte sie: „Was soll ich nun verlangen?" ER antwortete: „Was willst du verlangen? Der Bauer hockt auf dem Schuppen und er hat alles gehört."

„Erwürg ihn, erwürg ihn!", schrie da die Frau. Aber ER sagte: „Wie soll ich ihn erwürgen? Er liegt unterm Querbalken und hat ein Abendmahlshemd an." Während ER verschwand, ging die Frau in die Stube zurück und warf die Tür zu.

Der Bauer indes kroch vom Schuppen runter und ging zitternd nach Hause. Nun wusste er, wo seine Pferde waren, aber er hat sich nicht getraut, sie zu holen. Und er hat keinem erzählt, nur seiner Frau.

Übrigens ...
Rößel heißt heute auf Polnisch Reszel und liegt nur einen Katzensprung von Heiligelinde entfernt. Das kleine Städtchen birgt eine sehenswerte bischöfliche Burg, die zwischen 1355 und 1371 errichtet wurde.

Blick auf die ehemalige bischöfliche Burg zu Rößel

Die Pfarrerstochter als Hexe

Es war einmal ein Pfarrer. Der kam dahinter, dass seine Tochter hexen konnte. Das hatte sie ihre Mutter gelehrt. Der Pfarrer selbst hatte nichts davon gewusst.

Seine Tochter machte es ihm auf sein Verlangen vor. Sie gingen in den Kuhstall. Da hing ein langer Strick an der Wand. Daran zog das Mädchen, und der Strick vergoss Blut. In diesem Augenblick hatte die Kuh, die dem Kutscher gehörte, das Genick gebrochen.
Das Mädchen konnte auch Wetter machen. Als sie mit ihrem Vater über das Feld ging, sagte sie ihm das, fing auch sogleich an zu hexen. Da erschien ein Wolf, bekam von ihr einen Auftrag und lief gleich weg. Nicht lange darauf goss der Regen in Strömen.
Als der Pfarrer das alles erfahren hatte, ließ er gleich seine Frau ersäufen. Aber es kostete viel Anstrengung, denn sie kam immer wieder nach oben.
Der Tochter aber ließ er von mehreren Doktoren alle Adern aufschneiden, so dass sie verbluten musste.

Der Wunderspiegel

Die Hexen und Hexer bedienen sich zu ihren Zaubereien oft gewisser Zauberdinge. So war in der Nähe von Hohenstein ein Oberhexer, der hatte einen Spiegel, in welchem man die Hexe sehen konnte, von der man behext war.

Viele Behexte suchten deshalb seinen Rat und seine Hilfe.
Dann fragte er diese: „Willst du, dass ich die Hexe zeichne?"

Wurde das verlangt, so schnitt er dem Bild der Hexe im Spiegel am Ohr oder an der Nase etwas weg, und die Hexe war dann gezeichnet. Auch schnitt er der Hexe auf Verlangen den Hals ab. Aber es waren nicht viele, die das verlangten. Die Vorzeigung des Spiegelbildes und die Bestrafung der Hexe kosteten einen Gulden.

 **Übrigens ...**
In Hohenstein, dem polnischen Olsztynek, lädt ein empfehlenswertes Freilicht-
museum, das 1909 in Königsberg gegründet und 1940 hierher verlagert wurde,
zum Besuch ein. Zu sehen sind Gebäude aus fast ganz Ostpreußen.

Geheimnisvolle Kräfte

Wie man sich unsichtbar macht

Vor langer Zeit hat in der Eylauer Heide der Räuber Sierke gewohnt. Immer trug er schwarze Kleider, die aber auf dem Rücken ein rotes Kreuz hatten.

Seine Wohnung war in der Erde gelegen und der Eingang durch große Steine geschützt. Eine zweite Wohnung hatte er sich dadurch eingerichtet, dass er die Kronen zweier Bäume zusammengebunden und sich darunter ein Versteck gemacht hatte.

Die Wände der Erdhöhle waren bunt gefärbt. War es nötig, diese Farbe wieder aufzufrischen, so musste ein Maler kommen. Auf dem Weg zur Höhle wurden ihm von Sierke die Augen verbunden und wenn er mit seiner Arbeit fertig war, so wurde er auch mit verbundenen Augen wieder fortgeführt.

Sierke war oft tagelang von seiner Höhle fort und ging meist verkleidet umher. Auf einem solchen Weg traf er auch einmal eine Frau, die er aufforderte, ihm in seine Höhle zu folgen. Als sie nicht wollte, fesselte er sie und band sie an einen Baum.

Das wurde ihm aber zum Verhängnis. Denn in demselben Augenblick kamen Soldaten in einem Wagen, die ausgesandt waren, ihn zu fangen. Die ergriffen ihn und lieferten ihn im Gefängnis ab. Sierke konnte sich auch unsichtbar machen, denn er hatte sieben Menschenherzen aufgegessen. Und er konnte alle Hunde besprechen – mit einer Ausnahme. Da war nämlich auf einem Hof in Loyden bei Bartenstein, wo er ein Schaf stehlen wollte, eine Hündin mit neun Jungen. Und weil das eine ungerade Zahl war, konnte er diese Hündin nicht besprechen. Sie verriet ihn.

Als nun die Verfolger Sierke greifen wollten, hat er sich in einen Pfahl verwandelt, aber die Beine hat er vorgestreckt. Da haben sie ihn erkannt und den Pfahl durchgesägt. Bei dem Sägen sind Blutstropfen und Fleisch herausgekommen.

Die Bande des Räuberhauptmanns König Daniel (wie er von den Seinen), Kix Teufel aus der Hölle (wie er vom Volk genannt wurde), welche in der Mitte des 17. Jahrhunderts das Ermland in Schrecken setzte, bekannte nach ihrer Ergreifung, dass sie bereits 14 schwangere Weiber getötet, jedoch nur in den wenigsten männliche Kinder gefunden hätte.

Diese Räuber glaubten nämlich, sie müssten die Herzen von neun ungeborenen Knaben gegessen haben, um sich unsichtbar zu machen.

Blick auf Deutsch-Eylau mit See und Stadtkirche

Werwölfe

Es heißt, dass Werwölfe zwischen den Schulterblättern einen kurzen Schwanz haben. Aber auch Menschen, in deren Haar sich zwei Wirbel befinden, sollen zu dieser Spezies gehören.

Zur Zeit Herzog Albrechts wurde ein Bauer aufgegriffen und nach Königsberg gebracht, den man für einen Werwolf hielt.

Der Herzog ließ ihn genau verhören. Der Bauer gab zu, dass er zweimal im Jahr, nämlich um die Zeit des Johannis- und Weihnachtsfestes, in einen Wolf verwandelt und durch einen innerlichen Trieb gezwungen würde, sich in den Wäldern unter den Wölfen herumzutreiben.
Immer bevor die Haare ausbrächen und ihm der Wolfspelz wüchse, empfände er eine große Beängstigung am Gemüt und eine Schwachheit des Leibes.

Man behielt den Bauern in Gewahrsam und wartete, bis die Zeit der Verwandlung heranrückte, aber der Bauer blieb ein Mensch.

(?) **Übrigens ...**
Weihnachten wurde in Ostpreußen zu manch zauberischer Verrichtung genutzt. Besonders in den Zwölf Nächten glaubte man die Geister und Dämonen unterwegs. Um sie zu vertreiben, räucherte man die Häuser aus beziehungsweise machte mit Teufelsgeige, Brummtopf und Erbsenbär einen „Heidenlärm".

Flusskähne vor Memel

Wie man jemanden bannt

Die Fischer am Kurischen Haff, welche mit ihrem Fang den Markt der Stadt Memel zu besuchen pflegen, besitzen die Kunst, jeden, der sich während ihrer Abwesenheit unterfängt, etwas vom Wagen zu stehlen, solange festzumachen, bis sie wiederkommen.

So sah eine Augenzeugin, dass ein Kerl bei dem Wagen eines solchen Fischers auf dem Markt festgemacht stand. Der kurische Fischer, der sein Fuhrwerk verlassen hatte, kam endlich zurück, sprach den Kerl mit einigen Zeremonien wieder los und jagte ihn sodann mit Peitschenhieben fort. Der Kerl schrie fürchterlich und erzählte, er sei, sobald er etwas von dem Wagen hatte nehmen wollen, ganz gelähmt worden, was auch nicht eher, als bis der Fischer die ihm unverständlichen Worte gesprochen, aufgehört habe.

Daher wagte es niemand, von dem Wagen eines kurischen Fischer, mag er auch ganz ohne Aufsicht dastehen, etwas zu stehlen.

 Übrigens …

Vor dem Theater zu Memel, das heute den litauischen Namen Klaipeda trägt, steht wieder das Denkmal des Ännchens von Tharau. 1605 wurde in dieser Stadt der Dichter Simon Dach geboren, der ein berühmtes Liebeslied geschrieben hat:

Anke van Tharau ös, de mi geföllt,
Se ös min Lewen, min Goet on min Gölt.

Anke van Tharau heft wedder eer Hart,
Bi mi geröchtet än Löw'i än Schmart.

Anke van Tharau, min Rikdom, min Goet,
Du mine Seel, min Fleesch on min Bloet.

Quöm allet Wedder glik ön ons to schlan,
Wie sin gesönnt bi nen anger to stahn.

Krankheit, Verfölgung, Bedröfnös on pin
Sal unsrer Löwe Vernöttinge sin.

Anke van Tharau, min Licht, min Sönn,
Min Lewen schlut öck ön dinet henönn.

73

Zigeunerkunst

Die Zigeuner verstehen sich auf das Heilen von Krankheiten. Sie brauchen einen Kranken gar nicht gesehen zu haben, dann wissen sie schon, was ihm fehlt.
Aber ebenso hexen sie den Leuten Krankheiten an. Wenn sie um einen dreimal herumgehen können, so ist der ganz in ihrem Bann. Der gibt ihnen dann alles, was sie haben wollen.

Im Jahr 1868 brannte Rogehnen, ein Kirchdorf zwischen Preußisch Holland und Mohrungen, fast ganz ab. Im Gasthaus befanden sich gerade Zigeuner. Alle Häuser brannten ab, nur dieses blieb stehen. Die Leute glaubten, dass die Zigeuner das durch Zaubermittel bewirkt haben.

 Übrigens ...
Rogehnen heißt heute auf Polnisch Rogajny. Im benachbarten Mohrungen, dem polnischen Morąg, wurde 1744 der Theologe, Philosoph und Dichter Johann Gottfried Herder geboren. Mit seiner Sammlung „Stimmen der Völker in Liedern" machte er sich besonders um das bis dato gering geschätzte Volkslied verdient.

Komödiantenzauber

Für Hexenmeister werden auch die Komödianten, namentlich die Seiltänzer, gehalten. Sie können allerdings nur Augenverblendung bewirken.
Wenn man wissen will, was sie eigentlich vorführen, so muss man den Rock verkehrt anziehen. Eine Frau aus Pillkallen, welche dies tat, als ein Komödiant einen großen Balken zu tragen schien, sah, dass es in Wirklichkeit ein Strohhalm war.

Übrigens ...
Der Ort Pillkallen (Schloßberg), heute das russische Dobrowolsk, war namensgebend für ein recht eigenartiges Getränk (!), von dem besagte Frau möglicherweise zu viel genossen hat ... Zur Zubereitung des „Pillkallers" fülle man in ein Glas mit schmaler Öffnung klaren Kornschnaps, lege danach auf den Rand des Gefäßes eine Scheibe geräucherte Landleberwurst und gebe anschließend auf diese einen Klacks Senf. Die Wurst wird im Mund gekaut und der Schnaps schluckweise untergemischt.

Doppelgänger

Ein Grundbesitzer nahe Neukirch in der Niederung hatte eine Dienstmagd, die mit den Leuten auf dem Feld arbeitete. Zur gleichen Zeit hat man sie aber am Haus gesehen, wie sie Wasser schöpfte, Schweine fütterte oder Kühe molk.

Das Mädchen hatte etwas Ungewöhnliches im Auge und sie lebte ganz für sich. Ihre Doppelgängerei wurde zuletzt so auffallend, dass man sie aus dem Dienst entließ.

Im nördlichen Oberland, in der Gegend von Miswalde, gilt der Doppelgänger als eine geisterhafte Gestalt, die hinter einem Menschen hergeht und diesem vollständig gleicht.

Wenn der Betreffende einen Bogen macht oder sich umdreht, immer tritt die Gestalt hinter ihn, denn der Mensch darf sie nicht sehen.

Wendet er einmal ganz plötzlich den Kopf und sieht sich über die Schulter, so ist es möglich, dass er doch seinen Schatten erblickt, dann muss er bald sterben.

⟨⟩ Übrigens ...
Neukirch in der Niederung heißt heute auf Russisch
Timirjassowo und Miswalde im Oberland auf polnisch Myslice.

Ein typischer Oberländischer Viereckhof in Alken

Feuerbannen

Die Grafen von der Trenck auf Schkaulack (Kreis Labiau) gehörten zu denen, die jede Feuers-
brunst ausreiten konnten.

Als im Jahr 1809 die Vorstadt von Labiau abbrannte, kam der damalige Graf auf seinem Schimmel
und ritt dreimal um das Feuer. Ein feuriger Streifen zog sich hinter dem Pferd her, den Schweif
des Schimmels hinauf, längs dem Rücken des Pferdes, bis an die Lehne des Sattels.

Nach dem dritten Umritt stürzte sich der Graf mit seinem Pferd in das nächste Wasser. Als er auf
der anderen Seite herausritt, war das Feuer aus.

Übrigens ...

Der berühmteste Angehörige dieses Geschlechts war Friedrich Freiherr von der
Trenck, der 1726 in Königsberg geboren wurde und 1794 unter der Guillotine
endete. Als Ordonanzoffizier und enger Vertrauter Friedrichs des Großen ließ er
sich in eine Affäre mit dessen Schwester Amalie ein und wurde auf die Festung
Glatz (Kłodzko) in Schlesien verbannt. Von dort entfloh er und trat in russische,
später in österreichische Dienste. Bei Ausbruch der Französischen Revolution
ging er nach Paris, wo ihn Robespierre als Spion hinrichten ließ.

Wie man anderen Schaden zufügen kann

Ein ziemlich wirksames Mittel, um anderen bösen Schaden zuzufügen, ist das so genannte Verbeten.

Die Leute halten dieses Verbeten und Totsingen sehr geheim, aber man weiß doch, wie es gemacht wird. Einer kann einen anderen totsingen, indem er geistliches Lied ein Jahr lang morgens und abends singt. Andere sagen, dass man einen Psalm rückwärts lesen und hinter jedem Vers den Namen des Opfers nennen muss. Wieder andere, dass ein ganzes Jahr hindurch täglich morgens um 6 Uhr und abends um 6 Uhr an einer und derselben Stelle in einer und derselben Stellung ein Psalm, wohl der 94., dreimal rückwärts gebetet werden muss. Jedes mal muss das Vaterunser angehängt werden, zweimal ohne Amen, das letzte Mal mit Amen.

Wenn der Totbeter irgend etwas an der Vorschrift falsch macht, so muss er selber sterben. Im Treuburger Kreis soll das Totsingen früher oft mit Erfolg angewendet worden sein.

Bei Hohenstein erzählte man von einer Familie, in der Mann und Frau zu Tode gesungen worden sind. Die es getan hatte, war einen Tag vor und einen Tag nach dem Tod des Opfers auf dem Gehöft erschienen. Das gehörte mit zum Zauber.

Gott sei Dank gibt es Mittel, sich gegen die Zauberei zu wehren oder eine angetane Behexung wieder wegzubringen. Wer diese Mittel kennt und richtig anzuwenden versteht, braucht deshalb nichts zu befürchten.

Gut ist zum Beispiel, das Hemd auf der verkehrten Seite oder bestimmte Pflanzen bei sich zu tragen. Auch Stahl ist nützlich.

Wenn man eine Hexe sieht, so soll man den Besen vor die Tür schmeißen, dann kann sie nicht hinein. Vor allem aber darf man ihr nichts verborgen.

Übrigens ...
Aus Treuburg, zeitweise auch Marggrabowa, wurde das polnische Olecko.

Geister und den Tod sehen

Gefährliche Tränen

Eine Frau erzählte: „Mein erster Mann hörte einmal, dass der Hofhund jedes Mal, wenn im Haus einer stirbt, zum Kirchhof gewendet ängstlich heult und dann Tränen in den Augen hat. Und jeder, der diese Tränen abwischt und damit seine Augen bereibt, kann Geister sehen.
Mein Mann tat es und war zeitlebens der unglücklichste Mensch. Es hat ihm zuletzt sogar den Tod gebracht.

Eines Tages im Winter waren wir in der Stube und die Tür stand wegen des Rauches etwas offen. Da fasste mich mein Mann am Arm und zog mich nach hinten. Er sagte, ich solle still sein und beten, es wäre Besuch da.
Fast war eine Stunde vergangen, da sagte mein Mann: ‚Else, es kommt keiner mehr, die Tür kann zugemacht werden.‘
Es waren Geister dagewesen, große und kleine, die waren zum Ofen gekommen, als wollten sie sich wärmen. Dann waren sie wieder hinausgegangen, um anderen Platz zu machen.
Ich hatte keine gesehen.
‚Sei zufrieden‘, sagte mein Mann, ‚der ist unglücklich, der sieht, was der liebe Gott den meisten verborgen hält.‘"

Eine schreckliche Gabe

Eine Frau aus Rauschen konnte den Tod sehen.

Einmal ging sie durch das Dorf und erzählte, dass der Tod schon lange unter einem Holzhaufen vor der Tür des Wirtes B. säße und nur warte, dass jemand die Tür öffne, damit er hineingehen könne.
Die Leute wussten nicht einmal, dass dort ein Kind krank war. Des andern Morgen aber, als die Tür geöffnet wurde, starb es.

Diese Frau hat auch ihren eigenen Tod so gut vorhergewusst, dass sie in jenem Jahr nicht mehr Kartoffeln setzte, sondern den Nachbarn sagte, dass sie die Kartoffelernte nicht mehr erleben würde, sich aber auf ein Gericht Kohl bei ihnen zu Gast bat.
Tatsächlich ist sie dann zwischen der Kohl- und Kartoffelernte desselben Jahres auch wirklich gestorben.

 **Übrigens ...**

Rauschen, inzwischen zum russischen Swetlogorsk geworden, liegt an der Nordküste des Samlandes. Das einst vornehme Modebad, in dem sogar einmal Tennis-Weltmeisterschaften stattgefunden haben, bietet einen feinen Sandstrand vor waldreicher Kulisse.

Bestrafte Untreue

Der Küster von Gedwangen sah vor dem Tod eines jeden Dorfbewohners die Kirche hell erleuchtet. Diese furchtbare Gabe hatte er durch seine eigene Untreue erworben ...

Als er einmal die Glocken läutete, trat ein kleines Männlein vor ihn, das ihn bat, er solle ihm jedes Mal etwas von der Kollekte und dem Abendmahlswein geben. Dann werde es ihm eine Gabe verleihen, die vor ihm noch kein anderer Mensch besessen habe.

Der Küster beredete sich mit seiner Frau und willigte schließlich in den Wunsch des Männleins ein.

Als dieses aber nach einem Jahr sein Versprechen noch nicht eingelöst hatte, erinnerte es der Küster daran. Und als das Männchen sich noch eine weitere Frist ausbat, verprügelte der Küster es jämmerlich.

Der Kobold konnte jedoch den Händen des Küsters entkommen. Er kletterte schnell am Glockenseil hoch und schrie von oben herunter, dass er nun zur Strafe, weil der Küster nicht habe warten können, jedes Mal, wenn im Dorf jemand sterben sollte, in der Nacht die Altarkerzen anzünden werde. Aber nur der Küster werde sie sehen können.

Und so geschah es auch.

Den Küster machte diese Gabe so verzweifelt, dass er sich eines Tages am Glockentau erhängte.

Wie dieser Mann durch Untreue in seinem Amt, so kommen andere Menschen zu der Gabe des Todsehens, wenn sie durch das Schlüsselloch in eine Stube blicken, in der eine Leiche aufgebahrt liegt.

⊙ Übrigens ...
Gedwangen heißt heute auf Polnisch Jedwabno und liegt in der Nähe von Neidenburg (Nidzica).

Neidenburg

Der weissagende Rabe

In der Stadt Kulmsee stand vormals ein Schwarzmöncheklosler, in welchem die Mönche einen sehr ärgerlichen Lebenswandel führten.

Der Abt dieses Klosters besaß einen Raben, den er hatte reden gelehrt, so dass er viele Worte auf Polnisch, Deutsch und Lateinisch antworten konnte, je nachdem man ihn fragte.
Eines Tages, als der Abt und der ganze Konvent wieder stark gezecht hatten, sah der Vogel seinen Herrn gleichsam wie in tiefen Gedanken an. Das bemerkte der Abt und er fragte ihn: „Rabe, was gedenkst du?"
Der Rabe antwortete: „Der ewigen Jahre deiner Verdammnis!"
Da erschrak der Abt und er sagte: „Du bist nicht ein Rabe, sondern der böse Geist." Und er brachte den Vogel um.
Dieses verdross einen Mönch, der seine Kurzweil mit dem Raben zu treiben pflegte. Er stach den Abt mit dem Messer tot.

Als solche Gräuel der Bischof erfuhr, hat er die Mönche vertreiben und das Kloster zerstören lassen.

Übrigens ...
Vergleiche dazu auch die Sage von Frau Jutta auf Seite 31,
die ebenfalls in Kulmsee (Chełmza) spielt.

Die Geister auf der Christburg

Da, wo heute die Stadt Christburg liegt, war einst eine Heidenfeste, welche der Deutsche Orden lange belagert hielt. Endlich in einer heiligen Christnacht ward die Feste von dem Orden erobert und von da an besessen und empfing von dem Tag an den Namen Christburg.

Das Schloss wurde neu erbaut und mehr und mehr befestigt und war lange Jahre ein starkes und unüberwindliches Bollwerk.

Als man gegen den Polenkönig in den Krieg zog, war da ein Komtur auf Christburg, der hieß Otto von Sangerwitz. Dieser sah das unglückselige Ende des Krieges voraus und widerriet ihn. Doch er wurde überstimmt und musste mit ausziehen.
Da nun der Auszug begann, so fragte ein Chorherr den Komtur: „Wem willst du nun dieses Schloss anvertrauen?"
Darauf antwortete Otto von Sangerwitz ganz heftig: „Dir und allen bösen Geistern, die zu diesem Krieg geraten haben!"
Über diese harte Antwort erschrak der Chorherr heftig, fiel in ein heftiges Fieber und andern Tages war er tot.

Von Stund an musste sein Geist im Schloss zu Christburg spuken. Als nun die unglückliche Schlacht zu Tannenberg geschlagen war, hielten auch die Geister aller Ordensherren, die zu diesem für den Orden so verderblichen Krieg geraten hatten, auf dem Schloss Einkehr.

Von den Mahren

Das gerettete Kind

Die Mahre oder – seltener – auch der Mahr – in Masuren „smorra" genannt, sind Menschen, die gegen ihren Willen nachts andere Menschen – auch Vieh, Vögel, ja Bäume – drücken gehen, Wasser durchschwimmen, sich in Flammen stürzen oder mit bloßen Händen Dornen ausreißen müssen.

Im Oberland heißt es, dass die, die als Mahre gehen müssen, zusammengewachsene Augenbrauen haben. Manchmal wissen sie gar nichts von ihrem Schicksal, aber oft hat man solche Unglückliche auch schon einander ihr Leid klagen hören und wie große Anstrengungen sie zu bestehen hätten.
Eigentlich ist es die Seele dieser Menschen, die nachts auf Wanderschaft geht ...

Manchmal hilft es, den Mahr wegzuwünschen, wenn er einen bedrückt.

Einst wurde ein Kind so von dem Mahr geplagt, dass sein Vater glaubte, des Kindes letzte Stunde sei gekommen. Das Kind jammerte und stöhnte zum Herzerbrechen. Da sprang der Vater hinzu und fasste über dessen Brust in die Luft.
Er glaubte etwas in der Hand zu haben, schlug darauf ein, schüttelte es und schrie: „Lass mir das Kind in Ruhe; suche das Weite, wo du niemand schaden kannst und mache dich nicht mehr bemerkbar!"

Von da ab hatte das Kind Ruhe.

Eine wundersame Erlösung

Zu einem Bauern kam in alter Zeit eine alte Bettlerin. Sie wurde bewirtet und blieb auch zur Nacht. Sie schlief in demselben Zimmer, in dem auch die drei Töchter des Bauern schliefen. Die aber waren Mahre. Die eine musste zu den Vögeln, die andere zu den Pferden, die andere zu den Menschen gehen.

Abends legten sich alle im Bauernhaus zu Bett und schliefen ein. Als aber die Uhr 12 schlug, standen die Mädchen auf und redeten untereinander, darüber erwachte auch die Bettlerfrau und hörte, was die Mädchen von dem Umgehen in der Nacht sprachen.

„Ich habe es so schwer bei den Vögeln", sprach die erste, dagegen sprach die andere: „Und bei den Pferden habe ich es noch schwerer". „Aber bei den Menschen habe ich es am allerschwersten", sagte die dritte, und dann verschwanden sie.

Die Bettlerfrau erzählte dem Bauern dann am Morgen, dass seine Töchter Mahre seien – was der schon längst wusste und bedauerte, dass er nichts dagegen machen könnte.

Da gab die Frau dem Bauern den Rat, die Mädchen noch einmal taufen und ihnen einen neuen Namen geben zu lassen, dann würden sie nicht mehr umherirren brauchen.

Der Bauer tat alles nach dem Rat der Frau und erlöste dadurch seine Töchter. Die Frau aber behielt er zum Dank bis zu ihrem Tod bei sich.

Wie man sich der Mahre erwehren kann

Um die Mahre fortzuscheuchen, soll nachfolgender Vers helfen:

Mahr, Mahr,
zähl' dem Hund die Haar,
zähl' den Sand am Meer
und komm nicht mehr her.

Außerdem wird angeraten, dass man sich auf den Bauch legen soll. Wenn dann die „smorra" kommt und küsst und merkt, dass es nicht das Gesicht ist, wird sie ärgerlich und macht sich wieder davon.

Gut ist es, vor die Schlüssellöcher, falls man sie nicht gleich verstopft, Handtücher zu hängen oder Schüsseln mit Wasser vor die Tür oder vor das Bett zu stellen. Auch soll man die Schuhe so hinstellen, dass deren Spitzen vom Bett abgekehrt sind.

Will man wissen, wer der Mahr ist, so lade man ihn, wenn man gerade etwas Luft bekommt, während er einen plagt, zum Frühstück oder Mittag oder Abendbrot ein. Kommt dann die betreffende Person, so stelle man den Besen verkehrt in die Ecke und hindere sie dadurch am Fortgehen.

Der verspeiste Mahr

Er war einmal ein Bauer in Masuren, der hatte zwei schöne Pferde und jeden Morgen waren den Pferden die Haare an den Mähnen zusammengeflochten.

Da sagte der Bauer zum Knecht, dass er in der Nacht aufpassen solle und wenn ein Pferd aufstöhnen würde, dann solle er ihm dreimal vom Kopf bis zum Schwanz über Hals und Rücken streichen. Was er dann in der Hand halten würde, solle er bis zum Morgen festhalten.

Der Knecht tat, wie ihm der Herr befohlen hatte. Und als er dem Pferd dreimal über den Rücken gestrichen hatte, hatte er eine schöne große Birne in der Hand. Da sie ihm gefiel, aß er sie auf und warf den Stängel auf die Erde. Dann legte er sich hin und schlief ein.

Als er am Morgen erwachte, war der Stängel ein Menschenfuß, und wie nun der Bauer kam und fragte, was geschehen wäre, erzählte der Knecht ihm alles. Da sagte der Bauer: „Dummer Kerl, du hast ja die Nachbarsfrau aufgegessen!"

Seit dieser Zeit aber hatten die Pferde ihre Ruhe.

Übrigens ...

Da ein Mahr als Nachtspeise nicht jedermanns Geschmack sein dürfte, bieten sich zum Beispiel Masurische Dampfspirgel als – wohlschmeckende – Alternative an: Hierzu schneide man 600 Gramm vom Schweinenacken in Würfel und lasse diese in der Pfanne bräunen. Dann 6, ebenfalls gewürfelte, Zwiebeln sowie 2 Lorbeerblätter, 4 Pimentkörner und 2 Esslöffel Majoran hinzugeben und alles auf kleinem Feuer so lange dämpfen, bis das Fleisch gar ist. Abschließend Brühe nach Gusto aufgießen. Schmeckt am besten mit Schwarzbrot und eingelegten Gurken.

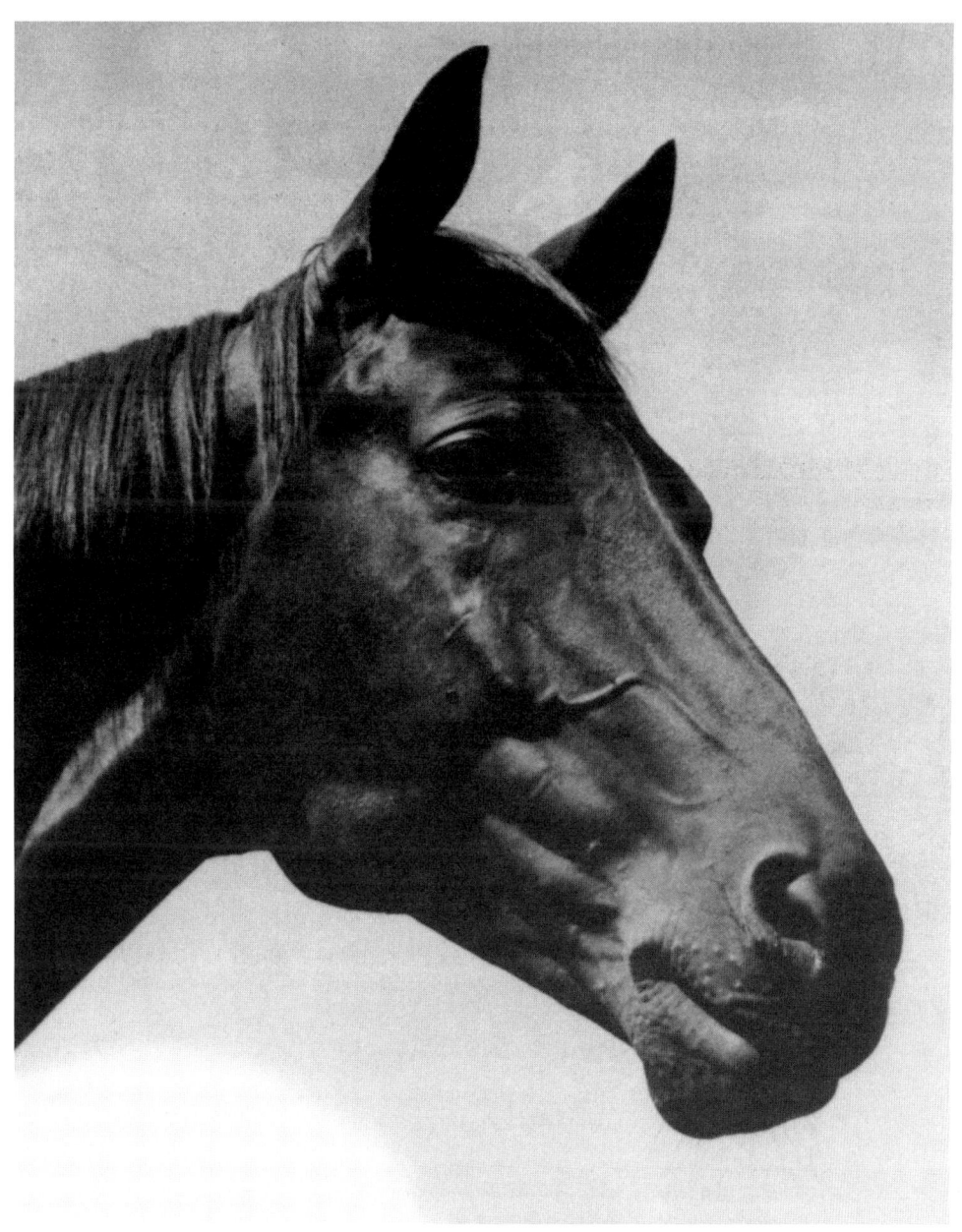

Kopf eines Trakehners, der legendären Pferderasse Ostpreußens

Die Toten gehen um

Bruder Steino von Netten

Als im Jahr 1343 die Pest in Preußen wütete, entfloh Ordensbruder Steino von Netten, um ihr zu entgehen, von Marienburg nach Lauenburg. Doch dort ereilte ihn aber doch der Schwarze Tod.

Der Vogt von Lauenburg ließ ihn noch bei Abend feierlich bestatten; am folgenden Tag wurde jedoch die Leiche außerhalb des Grabmals gefunden. Und das geschah noch drei weitere Male.

Nachdem dem Hochmeister dieses Wunder berichtet wurde, sandte dieser einen Komtur dorthin, welchen er den Leichnam zu durchstoßen und ihn dabei zum Gehorsam zu ermahnen und anzubefehlen hieß, dass er sich nicht weiterhin vom Ort fortbewegen solle.

Erst als dies geschehen und die Leiche nun zum vierten Male bestattet war, fand dieselbe Ruhe im Grab.

Übrigens …
Im 17. Jahrhundert brachten die vielen Heerscharen, die das Land durchzogen, die Pest und die Cholera nach Ostpreußen. Dabei starben ganze Dörfer aus. Dass pommersche Lauenburg heißt heute Lębork.

Treusorgend bis über den Tod hinaus

In Alt-Pillau starb eine Frau in den Sechswochen, das Kindchen aber blieb am Leben. Tagsüber schrie es sehr und war nicht zu beruhigen. Erst um Mitternacht wurde es still. Es gab nur noch seltsame Töne von sich, als sauge es an der Mutterbrust. Auch hörte man es schlucken. Ja man will sogar um diese Zeit an seinen Lippen Muttermilch gefunden haben. Die Wiege aber war so schwer, dass niemand sie zu bewegen vermochte.

War die Mitternachtsstunde vorbei, so hörte das Kind mit Saugen auf und auch die Wiege ging wieder leicht.

Es ist ein Glaube, dass eine jung verstorbene Mutter neun Tage lang ihr Kind nährt. Andere hingegen sagen sogar sechs Wochen lang vom Begräbnistag an.

 Übrigens ...
Pillau heißt heute auf Russisch Baltijsk und ist der einzige ganzjährig eisfreie Hafen des Riesenreiches. Die alte deutsche Stadt sank im April 1945 in Schutt und Asche. Nur der Schinkelsche Leuchtturm von 1813 steht noch.

Die habsüchtige Gräfin

Im Schloss zu Schlodien im Oberland, dem Stammsitz eines Hauptzweiges der Grafen zu Dohna, hat einmal eine Gräfin gewohnt, die so habsüchtig war, dass sie noch auf ihrem Sterbebett ihren Mann wegen des Testaments beunruhigte.

Zur Strafe findet sie selbst im Grab keine Ruhe. So zeigt sie sich, besonders in der Nacht, in dem Zimmer, wo ihr Mann starb. Und wenn man sie auch nicht sieht, so hört man doch das Rauschen ihrer schweren seidenen Gewänder.

Jedesmal wenn die Gräfin umgeht, folgt bald darauf ein Todesfall in der Familie.

Übrigens ...
Schlodien heißt heute auf Polnisch Gładysze und ist, wie so viele Schlösser im ehemaligen Ostpreußen, Ruine. Den Entwurf für die zwischen 1702 und 1704 erbaute Anlage lieferte Jean de Bodt.

Der Spuk zu Frauenburg

Um Mitternacht vor allen großen Marienfesten fährt mit lautem Geratter und Gerumpel eine schwarze Kutsche vom Dom durch die engen Gassen der Stadt. Viele alte Leute wollen sie gesehen oder gehört haben.

Vier schwarze Pferde, die aus den Nüstern Feuer spritzen, sind davorgespannt. In der Kutsche sitzen drei Männer. Diese tragen ihre Köpfe unterm Arm. Es sollen drei Ordensritter sein, die einst die heilige Jungfrau verspottet haben und nun im Grab keine Ruhe finden können. Im „Eichwald", einem weiten Haffwiesengelände, tut sich die Erde auf und verschlingt unter fürchterlichem Donnerkrach Kutsche und Insassen.

Es wird auch erzählt, dass die Kutsche vom Domberg bis zur Schulstraße in der Luft fährt und dann bis zum Haff auf der Erde. Und dass zwölf Rappen mit Menschenköpfen das Gefährt ziehen, in der zwölf Menschen mit Pferdeköpfen sitzen.

Übrigens ...
Aus dem deutschen Frauenburg wurde das polnische Frombork. Die von hohen Mauern umgebene Domburg ist eines der größten touristischen Highlights des Ermlandes. Prominentester Bewohner war Nicolaus Copernicus.

Verkünder der modernen Himmelskunde: Nicolaus Copernicus

90

Die Rache einer armen Seele

Als in Ebenrode eine Frau starb, wurde ihr Grab schön geschmückt. Der Witwer aber nahm sich eine zweite Frau.

Da wurden plötzlich auf dem Grab der Toten die Pflänzchen ausgerissen und die Vase mit den Blumen umgeworfen. So ging es mehrere Tage.

Da sahen Frauen, die in der Nähe Gräber pflegten, wie sich eine Krähe auf dem Grab niederließ, die Pflänzchen aus der Erde zupfte und auch die Blumen aus der Vase riss. Sie verscheuchten sie, aber sie kam noch lange immer wieder und zerstörte den Schmuck des Grabes.

Da munkelte man in der Stadt, der Vogel sei die arme Seele der Verstorbenen, die von ihrem Mann schlecht behandelt worden sei und deshalb nicht wolle, dass er ihr Grab schmücke.

 **Übrigens ...**
Das Städtchen Ebenrode wurde 1938 in Stallupönen umbenannt. Heute heißt es auf Russisch Nesterow. Nach den verheerenden Pestjahren 1709 bis 1711 wurden hier Franken, Nassauer und Schweizer angesiedelt.

Die Toten fordern ihr Opfer

Im Kreis Preußisch Eylau steht eine Totenlinde. An ihr werden für die Toten kleine Büschel Stroh hingelegt, damit sie sich ausruhen können, wenn sie in der Nacht nach Hause gehen.

Die Toten lassen aber nicht gern jemanden vorbei. So auch jenen Mann, der seine Frau auf dem Wagen aus der Klinik geholt hatte. Als sie an die Totenlinde kamen, sagte die Frau: „Lass mich runter vom Wagen; ich will mich ausstrecken."
Der Mann wollte sie beruhigen und antwortete: „Wir sind ja bald zu Hause; dann kannst du dich ja schön ausstrecken."
„Nein", erwiderte die Frau, „die Toten lassen uns heute nicht nach Hause."

Dem Mann war das unheimlich, aber er fuhr langsam weiter. Da auf einmal brach die Deichsel; der Wagen musste stehen bleiben.
Da sagte die Frau: „Na, glaubst du nun, dass wir heute nicht nach Hause kommen; lass mich vom Wagen runter, ich will mich ausstrecken!"

Der Mann machte zuerst die Deichsel zurecht. Als er damit fertig war und fahren wollte, blieben die Pferde stehen und schnoben. Sie gingen einfach nicht weiter.
Dem armen Mann blieb nichts anderes übrig – er musste der kranken Frau den Willen erfüllen.

Doch als er sie vom Wagen hob und hinlegte, da streckte sie sich aus und war tot. Nun zogen die Pferde an und gingen weiter.

Übrigens ...
Preußisch Eylau heißt heute auf Russisch Bagrationowsk.

Zahnprobleme

Eine Frau aus Seehesten, die einen kranken Zahn hatte, heilte diesen damit, dass sie ihn mit dem Zahn eines der Totengerippe aus der Kirche bestrich. Danach verspürte sie auch wirklich keine Schmerzen mehr, doch sie musste diesen Frevel mit dem Tod büßen.

Dreimal kam der Tote nachts an das Fenster der Frau und verlangte: „Und du setzt mir den Zahn gut ein!"

Beim drittenmal ging die Frau zitternd in die Kirche und setzte dem Gerippe den Zahn wieder ein. Da aber erhielt sie einen Schlag ins Gesicht. Drei Tage darauf verlor sie die Sprache. Und es dauerte nicht lange, bis sie starb.

Übrigens ...
Das Dorf Seehesten heißt heute auf Polnisch Szestno.

Die fliegenden Leichen

In Ragnit gibt es für die litauische Gemeinde einen eigenen Friedhof. Der deutsche Friedhof liegt südwestlich von der Stadt, der litauische östlich.

Aber die Verstorbenen auf beiden Friedhöfen, wenn sie sich im Leben gut gekannt haben, kommen oft des Nachts zusammen. Besonders bei stürmischem Wetter sieht man sie zu Hunderten und Tausenden von einem Kirchhof zum anderen fliegen, von dem litauischen zum deutschen und auch vom deutschen zum litauischen.
Nicht jeder kann sie sehen, sondern nur solche Leute, die in der Mitternachtsstunde eines Sonntags geboren sind.
Die Leichen fliegen durch die Luft, aber gar nicht hoch über der Erde und in ganz gerader Linie von einem Kirchhof zum anderen. Daher gibt es denn auch in dieser geraden Richtung nichts, was sie in ihrem Flug aufhalten könnte: kein Haus, keinen Baum, keine Hecke, keine Mauer.

Vor einigen Jahren zog einmal ein Fremder nach Ragnit. Der baute sein Haus an das südliche Ende der Stadt. Es war ein recht hübsches und festes Haus. Aber als die erste stürmische Nacht kam, fiel es ineinander. Alte, schon halb verfallene Häuser in der Nachbarschaft waren ohne allen Schaden davongekommen.

Der Fremde indes ließ sein Haus wieder aufbauen. Doch es dauerte nicht lange, da kam wieder in der Nacht ein Sturm und warf das Gebäude erneut um.

Da kam ein alter Mann zu dem Fremden, der war in der Mitternachtsstunde von einem Sonnabend auf Sonntag geboren, und sagte ihm, dass sein Haus nimmer stehen bleiben werde, da es sich exakt auf der geraden Linie zwischen dem deutschen und dem litauischen Friedhof befinde und den Geistern, wenn sie sich gegenseitig besuchten, im Wege liege.

Daraufhin ließ der Fremde das Haus etwas an der Seite wieder aufbauen, wo es noch steht, ohne jemals wieder Schaden genommen zu haben.

 **Übrigens ...**

Aus Ragnit wurde das russische Njeman. Die steinerne Ordensburg errichtete um 1400 jener Nikolaus Fellenstein, der auch am Bau der Marienburg maßgeblich beteiligt gewesen ist.

Luftaufnahme von Ragnit

Der Alf

Auf die Behandlung kommt es an

Wenn jemand in Ostpreußen auf schnelle und wundersame Art zu Reichtum kommt, steckt fast immer der Alf oder Drak – den man in Masuren auch Kaubuk nennt – dahinter.

Dieser nimmt oft die Gestalt eines Tieres an und gibt sich als griese Henne, als graue Gans, als Taube oder Krähe – manchmal auch als Katze oder Kalb.

Als Vogel ist der Alf auf dem Boden meist in einer Tonne untergebracht; sehen darf ihn nur sein Besitzer. Aber er hält sich auch im Stall, im Speicher oder nahe am Schornstein auf, durch den er dann mit einem feurigen Schweif fliegt.

Hie und da verlangt der Alf auch ein eigenes Zimmer für sich. Das muss mit schwarzem Zeug ausgeschlagen sein und darf nur vom Hausbesitzer betreten werden.

Zu seinen Lieblingsspeisen gehören Rührei, Buchweizengrütze, Milch und Pflaumen.

Wenn jemand den Alf nicht so behandelt, wie dieser es verlangt, verkehrt sich dessen Anhänglichkeit ins Gegenteil. Das heißt, er schadet seinem Besitzer nun, so viel er ihm bis dahin genützt hat. Er schleppt alle angespeicherten Reichtümer wieder fort oder steckt sogar das Anwesen in Brand. Letzteres soll auch geschehen, wenn man dem Alf zu heißes Essen vorsetzt ...

96

Gute Dienste

Einst ging ein Bauer aus Salzbach in der Silvesternacht zum Haus seines Nachbarn und rupfte aus dem Dach eine Handvoll Stroh. Dann ging er in seine Scheune und schnitt das Stroh zu Häcksel.

Dabei hörte er den Alf fragen: „Was schneidest du da?"
„Hafer für meine Pferde", gab der Bauer zur Antwort. Und als der Alf noch zweimal nachfragte, erhielt er immer die gleiche Antwort. „Nun gut", sagte er daraufhin, „dann schneide Hafer".

Fortan konnte der Bauer das ganze Jahr über das schlechteste Stroh schneiden und damit seine Pferde füttern, doch diese wurden fett, als wenn sie Hafer bekämen.

Der Nachbar indes fütterte wirklich Hafer. Aber seine Pferde magerten immer mehr ab – als wenn sie nur Dachstroh zu fressen bekämen. Das machte der Alf.

Wer sich durch ihn auf diese Weise Getreide besorgen will, braucht es nur dem Bauer aus Salzbach nachzutun.

 **Übrigens ...**
Salzbach heißt heute auf Polnisch Solanka
und liegt nahe Rastenburg (Kętrzyn).

Die graue Gans

Als auf einem Hof die Diebstähle kein Ende nahmen, wurde eine Hausdurchsuchung vorgenommen, die zunächst kein Ergebnis brachte. Dann kam auch das Anwesen des Kämmerers an die Reihe.

Tatsächlich entdeckte man unter dem Tisch, wo der Mann die graue Gans gehalten und gefüttert hatte, die verschwundenen Gegenstände. Doch das Tier war verschwunden. Stattdessen fand sich ein Zettel, auf dem zu lesen stand: „Deine Zeit ist um!"

Der Kämmerer wurde in ein sicheres Gewahrsam verbracht und bewacht. Doch das konnte den Teufel nicht davon abhalten, zu ihm vorzudringen und ihn zu holen.

Bauersfrauen beim Gänserupfen

Riesen

Der Hüne Miligedo

Als der Orden ins Land kam, lebte in Preußen ein gewaltiger Riese. Der hieß Miligedo und war im ganzen Land wegen seiner Größe und Stärke bekannt.

Derselbe bekehrte sich zum Christentum und trat unter das Heer der Ordensbrüder und tat seinen Landsleuten viel Schaden. Darum fürchteten ihn die heidnischen Preußen sehr und suchten ihn in ihre Gewalt zu bekommen.

Als nun zu einer Zeit die Ordensleute das Schloss Bartenstein mit vierhundert Mann besetzt hatten, darunter auch dieser Miligedo war, belagerten es die Preußen unter ihrem Anführer Mattingo und trachteten danach, Miligedo mit List aus dem Weg zu räumen.

Sie hatten einen unter ihnen, der auch nicht gerade klein war, aber Miligedo bei weitem nicht gleichkam. Dieser forderte nun den Riesen zum Zweikampf heraus. Doch der dauerte nicht lange. Miligedo schlug mit einer Keule, deren Kopf voller Blei gegossen war, seinem Gegner mit dem ersten Streich den Hauptharnisch und den Hirnschädel auseinander.
Doch daraufhin sprangen zwanzig Preußen aus ihrem Versteck und fielen ihn gleichzeitig an. Doch er machte auch mit diesen kurzen Prozess und nachdem fünfzehn auf dem Platz blieben, ergriffen die anderen die Flucht.

Bald darauf erreichten die Preußen doch noch ihr Ziel. Als Miligedo schon zehn Mann niedergestreckt hatte, ward er noch von fünfzehn überfallen, die ihn, weil er allein und müde war, überwältigten und jämmerlich ermordeten.

Riesenwerk im Kurischen Haff

An der Windenburger Ecke im Kurischen Haff ist eine Sandbank, welche die Schifffahrt erschwert. Auch auf dem Land zieht sich in derselben Linie eine lange Reihe von Granitblöcken hin.

Darüber wird folgendes erzählt: Eine Riesin, die in Nidden auf der Nehrung hauste, hatte in Windenburg einen Liebhaber. Zu dem pflegte sie durch das Haff hinüberzuwaten. Da nun aber gerade diese Stelle sehr sumpfig ist, so dass das Riesenweib immer tief einsank, verband es sich mit dem Teufel, um Abhilfe zu schaffen.

Gemeinsam wollten sie einen Streifen trockenlegen. Sie hatte vor, eine Schürze voll Sand von der Nehrung hinzubringen. Er sollte einen Sack Steine herbeischaffen. Als aber die Riesin mit ihrer Last durchs das Haff watete, entglitt ihr ein Zipfel der Schürze, so dass der Sand herausfiel. Das ist die heutige Sandbank.

Der Teufel wiederum hatte ein Loch im Sack. So verlor er den größten Teil der Steine schon unterwegs.

🐾 **Übrigens ...**
Windenburg heißt heute auf Litauisch Vente. Die Burg von 1360, welche die Küste des
Kurischen Haffs sichern sollte, ist noch zur Ordenszeit in den Wellen verschwunden.

Weite Landschaft bei Windenburg

Der Letzte seines Geschlechtes

Mit der Zeit ging es mit den Riesen zu Ende. Schließlich war nur noch ein einziger von ihnen übrig. Und da dieser die Leute nicht nur neckte, sondern auch quälte, beschlossen sie, sich seiner zu entledigen.

Da sie sich aber nicht an ihn heranwagten, griffen sie zu einer List. Sie wetteten mit ihm, ob er so stark wäre, durch die Wand der Kapelle in Langfelde ein Loch zu stoßen.

Der Riese ließ sich darauf ein, nahm Anlauf und stieß mit aller Kraft gegen die Kapelle. Aber sie hielt stand und er sank zerschmettert zu Boden.

Zum Gedenken an dieses Geschehnis wurde sein Schädel in die Ostwand der Kapelle eingemauert. Und in der Pfarrkirche von Braunsberg sollen einst einige Knochen von ihm aufbewahrt worden sein.

Übrigens ...
Langfelde, in der Nähe von Danzig (Gdańsk), heißt heute auf Polnisch Długie Pole.
Braunsberg, oberhalb der Passarge-Mündung ins Frische Haff gelegen, erhielt den
polnischen Namen Braniewo. Der alte ermländische Bischofssitz wurde im Zweiten
Weltkrieg schwer zerstört. Die oben erwähnte altstädtische Katharinenkirche ist
inzwischen wieder aufgebaut worden.

Die „Untererdschen" zu Rastenburg

In obiger Stadt und bei derselben gibt es Zwergmännlein, die führen den seltsamen Namen Barstukken, auch Fingerlinge, und sind nicht böse wie die anderen, die weiter nordwärts hausen.

Die Barstukken erscheinen als gute und hilfreiche Hausgeister, welche bei Kranken wachen, wenn die Wächter schlummern, besonders bei Mondschein. Denen sie gütig gesinnt sind, denen schleppen sie zu, was sie von denen nehmen, die sich nicht gut gegenüber ihnen verhalten.

Man muss ihnen ein sauberes Tischchen decken und darauf einfache Kost stellen: Brot, Butter, Käse, Bier, Milch. Dann waren sie zufrieden und ließen es sich gut schmecken.

Bleibt indes alles unberührt, so ist das kein gutes Zeichen. Dann wollen die Barstukken nichts mehr von dem Hausbesitzer wissen und auch nicht mehr für ihn arbeiten.

Sie haben einen Gott über sich, der Puschkait heißt. Seine und ihre Wohnung ist unter Holunderbüschen.

🐌 **Übrigens ...**
In Rastenburg (Kętrzyn) wurde 1863 der Schriftsteller Arno Holz geboren, der als Naturalist begann und mit seinem „Phantasus" das Tor zum Expressionismus und damit zur Moderne aufgestoßen hat.

Eine Botschaft

Einmal ging ein Mann aus der Stadt Allenburg bei hellem Mondschein nach Hause. Unterwegs sprach eine Stimme zu ihm: „Sage doch meinen Brüdern, dass die Mutter tot ist."

Der Mann sah sich nach allen Seiten um und konnte doch keinen erblicken. Er wunderte sich darüber und erzählte, zu Hause angekommen, die Geschichte den Seinen.

Kaum hatte er das getan, so riefen mehrere Stimmen hinter dem Ofen hervor: „Ach, die ist tot?" – und lautes Weinen war zu hören.

Sie gingen mit Licht, um zu sehen, wer da hinter dem Ofen sei, fanden aber niemand.

 Übrigens ...

Allenburg heißt heute auf Russisch Drushba. Das Städtchen ist an der Mündung
des Masurischen Kanals in die Alle gelegen und ging aus einem 1384 gebauten
Wildhaus des Deutschen Ordens hervor.

Anna Susanna

Einer Kindbettnerin zu Pobethen wollten einst die Untererdschen ihr Kind wegnehmen. Doch die Frau rannte mit ihm so lange, bis die Verwandten kamen.

Da mussten die Zwerge unverrichteter Dinge abziehen, verwünschten vorher das Kind aber so, dass es schon bald, nachdem es auf den Namen Anna Susanna getauft worden war, verstarb.

Zufällig trug die damalige Glocke auf dem Pobethener Kirchturm den gleichen Namen. Als nun um den Tod des Kindes geläutet und die Glocke angezogen werden sollte, ging sie das erstemal gar nicht, das zweitemal auch nicht und beim dritten Male hob sie sich schließlich aus ihrem Stuhl, fuhr durch das Schallloch, nahm dabei noch ein tüchtig Stück Mauer mit und versank im nahen Mühlteich – und klang dabei:

„Anna Susanna kommt nimmer zu Land!"

Offenbar wollte sie ohne ihre Namensschwester nicht mehr leben und hält sich seither im Teich versteckt. Obwohl man die Stelle ihres Versinkens genau kennt, ist die Glocke nicht mehr aufzufinden.

Jene Stelle aber, wo die Glocke durch die Mauer gefahren ist, war noch lange zu sehen. Obwohl man den Turm öfter repariert hat, fiel das betreffende Mauerstück immer wieder heraus.

 Übrigens ...
Aus Pobethen wurde das russische Romenowo. Die Ortschaft ist in der Nähe
von Fischhausen (Primorsk), dem einstigen samländischen Bischofssitz gelegen.

Alte Glocke aus dem Samland

Die Fingerlingsbraut

Da saß zu einer Zeit bei Lauenburg ein mannlich Geschlecht, die Freiherren von Eulenburg auf Prassen. Und da war auf Prassen gerade ein junges Edelfräulein, das war gar wunderhold und lieblich und von kleinem Wuchs.

Das sah der König der Fingerlinge und begehrte es zu freien. Ließ deshalb sittiglich Werbung tun bei den Eltern durch eine Gesandtschaft seiner Zwergmännlein und ließ ausrichten, wenn sie ihm ihre Tochter gewährten, so solle das Geschlecht derer von Eulenburg gesegnet fortblühen auf alle Zeiten und dieses Glück solle haften an einem goldenen Fingerring, der aber wohl und sorgsam bewahrt werden müsse und nimmer verloren gehen dürfe. Das Fräulein aber werde glücklich sein.

Die Eltern überlegten sich den Antrag und fanden für wohlgetan, ihn zu bewilligen, denn wer sieht nicht gern die Zukunft seines Geschlechts für alle Zeiten gesichert ...

Darauf bat die kleine Gesellschaft, es möge ein Zimmer im Schloss Prassen bestimmt werden, in welches die junge Braut hineinzuführen sei. Jedem Lauscherauge und -ohr müsse der Raum freilich verschlossen bleiben. Hier nun werde der König das Fräulein empfangen.

Dies geschah auch. Das Fräulein wurde in gesagtes Zimmer geführt und niemals hat ein sterbliches Auge es wiedergesehen und niemand hat erfahren, wohin es gekommen.
Gleichwohl will man nachher noch öfter in diesem Zimmer vom Treiben der Fingerlinge etwas wahrgenommen haben. Als aber die Neugierde wuchs und die Lauscher es darauf anlegten, etwas zu erlauern und zu erlugen, haben die Fingerlinge das Schloss verlassen.

Das verheißene Glück indes ist bei dem Geschlecht dauernd geblieben; aus den Freiherren sind Grafen geworden.

Übrigens ...
Lauenburg heißt heute auf Polnisch Lęborg und war einst ein wichtiger Stützpunkt des Deutschen Ordens, bevor es dann an Pommern kam. Die Burg aus dem Jahr 1363 wurde mehrfach umgebaut und verändert.

Die törichte Frau zu Alleinstein

Die Frau eines reichen Ratsherren zu Allenstein saß eines Abends im Winter, während die Mägde das Vieh beschickten, ganz allein und ohne Licht in der Stube.

Auf einmal ging die Tür weit auf und es trat eine Menge kleiner Männlein mit spitzigen Hüten, daran jeweils eine Laterne mit einem blau brennenden Licht befestigt war, in die Stube. Jedes der Männlein führte eine kleine Frau oder Jungfrau, welche sehr wohl geschmückt waren.

Die Männlein sahen zuerst die Frau an, welche die Hände vor die Augen hielt, aber durch die Finger dem Treiben zuschaute. Dann stellten sie sich alsbald in einen Kreis und fingen zierlich an zu tanzen. Plötzlich aber trat eines der Männlein auf die Frau zu und sagte zu ihr: „Mach deine Augen auf!"

Die Frau aber kehrte sich daran nicht, darauf das Männlein wiederholte: „Ich sage dir, mach die Augen auf!"

Die Frau aber kehrte sich wieder nicht daran. Da sprach das Männlein zu einem der anderen: „Mach die Fenster auf!"

Und alsbald trat dieses Männlein zu der Frau und blies ihr in die Augen. Davon wurde sie zur Stunde blind, dass sie Zeit ihres Lebens nicht mehr sehen konnte.

 **Übrigens …**
Allenstein, das polnische Olsztyn, ist das wirtschaftliche und kulturelle Zentrum des Ermlandes. Das Schloss des Domkapitels, das Mitte des 14. Jahrhunderts erbaut wurde, hatte in Nicolaus Copernicus seinen prominentesten Bewohner.

Die gute Tat

Man erzählt, dass am Kreuzberg bei Wartenburg zwei Mädchen mit Heuwenden beschäftigt waren, als ein dicker Frosch angesprungen kam. Das eine Mädchen erschrak sehr und wollte ihn gleich totschlagen.

Das andere aber scherzte: „Lass doch den Frosch leben. Er wird mich auch zur Kindstaufe einladen."

Sie lachten eine Weile darüber und vergaßen die Geschichte ...

Nach einigen Wochen kam vor das Haus des mitleidigen Mädchens eine feine Kutsche gefahren, aus der ein junger Mann stieg. Er sagte, die, welche damals ein Leben gerettet habe, wolle er nun zur Kindstaufe bitten.

Das Mädchen ängstigte sich sehr, ließ sich aber schließlich überreden. Sie fuhren zusammen zum Kreuzberg, wo er eine geheime Tür öffnete. Sie kamen in ein prächtiges Gemach, wo in einem Bett eine wunderschöne Frau mit einem lieblichen Knäblein lag.

Freundlich begrüßte die Frau das Mädchen und dankte ihm, dass es bei ihr Pate stehen wollte. Das Mädchen nahm nun das Kind auf den Arm und fuhr mit dem jungen Mann zur Kirche, wo das Kind getauft wurde.

Nachdem sie wieder in den Berg zurückgekommen waren, musste sich das Mädchen an eine reiche Tafel setzen. Doch es konnte vor Angst weder essen noch trinken. Als es zufällig zur Decke blickte, sah es zu seinem Entsetzen einen gewaltigen Mühlstein, der an einem seidenen Faden über ihrem Kopf hing.

Das Mädchen wollte aufspringen und fliehen, doch die schöne Frau sagte: „Dir wird nichts geschehen. An solch einem dünnen Faden hing damals mein Leben, als deine Freundin mich töten wollte. Ich bin der Frosch, den du beschützt hast."

🐸 **Übrigens ...**

Wartenburg, auf Polnisch Barczewo, wurde 1336 erstmals genannt. Das Städtchen birgt das wertvollste erhaltene Renaissancebildwerk Ostpreußens. Es handelt sich um ein Doppelgrabmal des ermländischen Bischofs Bathory und seines Bruders in der Franziskanerkirche.

Das Holleweibchen

Früher war es auf dem Land Sitte, an den Herbst- und Winterabenden zu spinnen.

In den Zwölf Nächten und zu Lichtmess musste diese Arbeit allerdings ruhen. Auch durfte kein Flachs auf der Spindel bleiben, weil dann die Holleweibchen, die Hollefrukes, umzogen und den Flachs verwirrten. Oder sie spannen selber und spannen dann einen Unglücksfaden hinein.

Nun war in Nemmersdorf einmal ein junges Mädchen, dem das Spinnen nicht so gut von der Hand ging. Auch wollte sie nicht so recht an die Spinnfrauen oder Holleweibchen glauben. So stand sie an einem Lichtmessabend, als schon alle schliefen, heimlich auf, öffnete die Schlüssellöcher in Flur und Küche, welche die Köchin sorgsam verstopft hatte, damit die Holleweibchen nicht hereinkommen konnten, nahm das Spinnrad und legte Flachs auf.
Kaum war sie wieder im Bett, da brauste und sauste es vor den Fenstern, als ob die Wilde Jagd vorüber zöge.
Neugierig eilte das Mädchen wieder in die Küche. Da saß ein kleines, graues Wesen am Spinnrad und spann. Und schon lag eine Rolle des allerfeinsten Garns auf der Erde. Als das Mädchen näher schlich, packte das Holleweibchen dessen lose Haare und spann sie statt des Flachses.
Das erschrockene Mädchen wusste sich nicht zu befreien. Da sah es draußen vor dem Fenster eine Sternschnuppe fallen. In seiner Not schrie es laut: „Ach, ach der Himmel fällt ein!"
Da erschrak das Holleweibchen und rannte fort. Und das Mädchen konnte sich befreien.

Übrigens ...
Nemmersdorf heißt heute auf Russisch Majakowskoje.

Herdraum eines kurischen Fischerhauses

109

Kornmutter und Kornkind

Im Getreidefeld soll die Kornmutter sitzen. Sie lockt die Kinder, die Kornblumen suchen gehen, immer weiter ins Feld hinein, um sie dann zu ergreifen und fortzuschleppen.
In Masuren wird dieses böse Wesen Babainsa geheißen.

Das genaue Gegenteil von der Kornmutter ist das Kornkind.
Wenn der Frühling da ist und der Landmann seine Saaten besehen geht, findet er manchmal auf dem Feld auf einem ausgebreiteten Tuch ein wunderschönes nacktes Kindlein sitzen, das ihn freundlich anlächelt und die Arme nach ihm ausbreitet.
Tritt der Bauer näher heran, um es aufzuheben, ist dies umsonst. So sehr er sich auch anstrengt und alle Kräfte bemüht, es gelingt ihm nicht.
Und während er sich weiterhin vergeblich bemüht, spricht das Kind mit lieblicher Stimme: „Wohl dir, du frommer Landmann, dass du Mitleid fühltest. Dein Feld ist gesegnet." Mit diesen Worten verschwindet das Kind unter seinen Händen.

Der Landmann aber weiß: Wenn das Kornkind auf seinem Feld lag, so bedeutet das eine reiche Ernte in diesem Jahr.

Übrigens ...
Für „Deutschlands Kornkammer" war das Einbringen der Ernte von größter Wichtigkeit. Beginn war der 25. Juli, der Ehrentag des heiligen Jakobus. Ein von den ersten Halmen gebundenes Kreuz wurde an den Rand des Feldes gelegt, um böse Geister abzuwehren.

Das Kind aus einem Besen

In Bürgersdorf ist es einmal geschehen, dass die Untererdschen, als sie nachts einer Wöchnerin das Kind stehlen wollten, aus dem Besen einen Wechselbalg machten. Den legten sie der Frau ins Bett und wollten dann mit dem richtigen Kind davoneilen.

Ein alter Mann, dem die Frau Unterkunft gewährt hatte, hinderte sie jedoch daran. So mussten sie das Kind zurück lassen.

Am nächsten Morgen nahm der Mann den Wechselbalg und schlug ihm mit einer Axt den Kopf ab.
Da sahen sie aus dem Hals die Besenruten herausragen.

Übrigens ...
Es gab in Ostpreußen mehrere Dörfer namens Bürgersdorf. Die obige Geschichte spielt in dem nahe Wehlau (Snamensk) gelegenen Ort.

„Eck gah nah St. Marien …"

Ein Mann aus Danzig wollte einst sein Kind zur Taufe tragen. Eben war er auf der Brücke der Mottlau, da schrien mehrere Stimmen aus dem Wasser: „Kielkropp, Kielkropp, wo geist hen?"

Das Kind, das doch erst wenige Tage alt war, antwortete:

> *„Eck gah nah St. Marien,*
> *on wöll mie late wiehen,*
> *wöll gahen biem Herr Pfarre*
> *on sehne, op ett wart beeter warre."*

Als der Mann das hörte, rief er: „Böst du vom Düwel, so gah ook tom Düwel!" Sprach's und warf den Wechselbalg in den Fluss.

Übrigens …
Die Mottlau war über Jahrhunderte hinweg die Lebensader Danzigs. Heute
präsentiert sich der „Lange Brücke" genannte Kai des Flusses mit seiner wieder-
erstandenen historischen Bebauung als Flaniermeile.

Das Teufelswerder

In der Mitte des Spirdingsees liegt ein kleines Eiland, das Teufelswerder. Es besteht aus einem steilen und ziemlich hohen Berg und umfasst etwa dreieinhalb preußische Hufen. Der Boden ist fast durchweg sandig und wird beinahe gar nicht zum Ackerbau genutzt.

Den Bewohnern des gegenüberliegenden Dorfes Eckertsberg zeigt es, je nachdem es näher oder entfernter scheint, die bevorstehende Veränderung des Wetters an.

Diese Insel ist von bösen Geistern bewohnt, woher sie denn auch ihren Namen erhalten hat.

Bald zeigen dieselben sich in Gestalt von Löwen, bald von schwarzen Hunden, bald in anderem Gewand. Sie necken die Menschen, die in ihre Nähe kommen und fügen ihnen allerlei Schaden zu. Die Geschichten, welche die Umwohner des Sees und vor allem die Bienenzüchter, die ihre Beuten auf dem Werder halten und des Sturmes halber oft drei und mehr Nächte dort festgehalten werden, hiervon zu erzählen wissen, sind unzählige.

Besonders aber haben es die Gespenster auf die Fischer abgesehen, denen sie bald die Netze zerreißen, bald große Schätze zeigen, die – wenn jene sie nach langer Mühe endlich heben wollen – plötzlich verschwinden oder sich in wertlose Dinge verwandeln.

Andererseits berichteten Fischer, dass ihnen jemand, den sie für den Teufel hielten, die festgehakten Netze losgebunden und sogar die Fische in die Netze getrieben habe.

Als sie sich dann zum Essen hinsetzten und bemerkten, dass Salz fehlte, habe der Unheimliche im gleichen Augenblick das Gewünschte herbeigebracht und gesagt, er habe es aus einem Speicher in Hamburg geholt.

⟲ Übrigens …
Das Dorf Eckertsberg heißt heute auf Polnisch Okartowo. Der Spirdingsee,
polnisch Jezioro Śniardwy, ist der größte See Ostpreußens. Auf dem oben
erwähnten Teufelswerder ließ Friedrich der Große 1784 eine kleine Festung
erbauen, das Fort Lyck, das später abgetragen wurde.

In Masuren

Der Topich

Der Wassermann, hierzulande Topich genannt, soll ungefähr so groß wie ein sechsjähriges Kind sein und wassertriefende Haare haben. Oft hängen auch lange Binsen über sein Gesicht. Zwischen den Fingern befinden sich Schwimmhäute.

Manche glauben, dass er halb Mensch, halb Fisch ist.

Im Marxhöfer See – im Kreis Ortelsburg – wohnen gleich zwei solcher Topichs. Sie ähneln kleinen Kindern und tragen feuerrote Mützen. Manchmal tauchen sie aus den Fluten auf, klatschen dreimal in die Hände und verschwinden dann wieder.

Das ist ein gewissliches Zeichen, dass bald jemand im See ertrinken wird.

 **Übrigens ...**
Die Ordensburg zu Ortelsburg, dem polnischen Szczytno, ist zwar nur als Ruine
auf uns gekommen, bietet jedoch – auf einer in den Hausensee ragenden Halb-
insel gelegen – einen malerischen Anblick.

Unheimliche Begegnung am Schwenty-See

Denen, die der Topich holt, ist dieses Schicksal schon von Geburt an bestimmt. Sie können sich deshalb, was sie auch tun, vor ihm nicht retten. So auch jener Mann aus Kurken, der einst von Hohenstein aus am Ufer des Schwenty-Sees heimwärts ging ...

Als er Durst bekam und etwas Wasser trinken wollte, entdeckte er auf einer in das Wasser hineinhängenden Wurzel Kleider und vermutete, dass diese einem Badenden gehörten. Doch stattdessen erhob sich plötzlich eine Gestalt vor ihm aus dem Wasser, die er des unmenschlichen Aussehens wegen sofort als den Topich erkannte. Die obere Hälfte des Unwesens zeigte einen stark behaarten menschenähnlichen Körper mit einem hellroten Kopf und flossenartigen Händen. Die untere Hälfte war ein dunkelgrüner Fischleib mit einer sehr langen Schwanzflosse.

Als der Mann in seiner Todesangst das Kreuzzeichen schlug, verschwand der Unhold, indem er drohte, dass er ihn doch noch holen werde.

Und so geschah es auch einige Jahre später.

 **Übrigens ...**
Kurken heißt heute auf Polnisch Kurki.

Das Seeopfer

Wenigstens alle fünf Jahre verlangt der Konczer See im Kreis Pillkallen ein Opfer. Das Wasser wird schon lange vorher unruhig, es heult und braust. Erst nachdem es ein Menschenleben geraubt hat, wird es wieder still.

Es war einmal gerade gegen Ostern, als der See solchermaßen in Wallung geriet und sich jeder in Acht nahm. Nur ein junger Knecht wollte unbedingt am Ostermorgen die Pferde schwemmen, wie das sonst gewöhnlich so geschieht. Und obwohl es ihm sein Herr ausdrücklich verbot, zäumte er die Pferde und ritt zum See.

Ein Junge, der ihn begleitete, sah vom Ufer aus, was geschah: Kaum war der Knecht ein wenig ins Tiefe geritten, so riss ihn schon ein Wasserwirbel vom Pferd herunter und er war verloren.

Die Leiche wurde später an Land gespült, denn der See behält keine Toten.

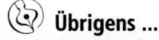 **Übrigens ...**

Pillkallen, ab 1938 Schloßberg und nach 1945 Dobrowolsk, wurde erstmals
im 16. Jahrhundert erwähnt und bekam 1724 das Stadtrecht.

Die Nixe im Mucker-See

Am Ufer des Mucker-Sees wohnte ein Paar, das bald Hochzeit halten wollte, aber kein Geld besaß. Deshalb zog der Mann in die Fremde, um Arbeit zu suchen.

Da er sechs Jahre fortblieb, suchte sich die Frau unterdessen einen anderen und zog mit dem woanders hin.

Als der Mann dann zurückkehrte, fand er seine Braut nicht mehr und wurde darüber sehr traurig. Jeden Abend fuhr er mit dem Boot auf den See. Da sah er plötzlich eine Nixe auf dem Wasser schwimmen. Er hielt sie für seine Braut und sprang ins Wasser, um sie herauszuholen.

Das aber war sein Verderben. Die Nixe zog ihn auf den Grund, wo er jämmerlich ertrank.

Übrigens ...
Der Mucker-See heißt auf Polnisch Jezioro Mokre. Nur einen Katzensprung
entfernt lockt der Crutinnen-Fluss (Krutyna) mit seinem schönsten Abschnitt
zur Kanu- oder Stakeboot-Fahrt.

Die Muckerbrücke bei Krutinnen

Wetterkünder

In Masuren weiß man, dass die Seejungfern ziemlich verlässlich schlechtes Wetter voraussagen. Dann zeigen sie sich nämlich den Menschen am liebsten. Und man hört sie auch rufen. Sie schreien ähnlich wie die Perlhühner. Wer genau hinhört, kann sie auch verstehen: „Pack ein, pack ein!", klingt es dann über die Gewässer.

(🦉) **Übrigens ...**
Über das Wetter im alten Preußenland reimte der Volksmund:
Ein Ostpreuße von rechter Art
trägt seinen Pelz bis Himmelfahrt
und wenn wir schreiben St. Johann,
so zieht er ihn schon wieder an.

Der anhängliche Wassermann

Am Algawischker Teich im Kreis Niederungen konnte einst niemand vorbeigehen, ohne mit Schlamm bespritzt oder manchmal auch mit lebenden Fischen beworfen zu werden. Auch manch anderer Schabernack kam vor. Doch ein Urheber konnte nie entdeckt werden.

Bis sich eines Tages ein in der Nähe wohnender Krüger ein Herz fasste und fragte, wer denn da sei.
Und er bekam auch eine Antwort. Nämlich, dass all die Streiche auf das Konto eines Wassermannes gingen, der Slomspetters hieß. Mit diesem machte der Wirt sogar ein Abkommen. Nämlich, dass Slomspetters künftig auf seine Neckereien verzichten würde, wenn man ihn dafür zu den Gastereien einlud.
Da der Wirt von diesem sonderbaren Kontrakt erzählte, wollten alle den Wassermann kennen lernen. Einer, der einen Kindtaufschmaus geben wollte, ging zum Teich und lud den Slomspetters dazu ein.

Am nächsten Tag war es dann soweit. Nach der Taufe in der Kirche kam ein etwas seemännisch, aber fein gekleideter, breitschultriger, brauner Mann zum Kindsvater und brachte einen großen Korb voller lebender Fische mit.
„Hier ist mein Patengeschenk", sagte er. Dann wandte er sich zu dem Kind, sah es lange an, küsste es auf die Stirn und sprach: „Jüngelchen, ein Fischer sollst du werden wie wenige! Immer viele Fische im Netz!"

Danach ging er zur übrigen Gesellschaft. Seine Späße waren zwar etwas derb, aber voll sprudelnder Laune. Und wer nicht wusste, dass er der Wassermann Slomspetters war, hielt ihn für einen lustigen Seemann.

Lange war in der Gegend nicht so ein vergnügtes Kindstaufen gewesen.

Vom Teufel

Der Konopka-Berg

Der Wirt Konopka aus dem Dorf Schwenten, welches eine halbe Meile östlich von Angerburg gelegen ist, geht eines Abends bei hellem Mondschein nach Hause. Als er auf seinem Weg in die Nähe eines Berges kommt, sieht er, wie jemand auf einer Art Schlitten wiederholt den Berg aufwärts und abwärts fährt. Er kommt näher und wird gewahr, dass auf dem Schlitten eine alte Frau sitzt und ein Mann den Schlitten schiebt.

Nahe herangekommen, fragt er verwundert den Mann, was er hier mache. Der andere antwortet: „Ich bin der Teufel. Weil ich einen dummen Streich begangen habe, bin ich verurteilt, das alte Weib hier bis zu ihrem Tod bergauf und bergab zu fahren. Bergab geht's wohl, aber bergauf hab ich's so schwer, dass mir – wie du siehst – der Schweiß von der Stirn rinnt. – Da fällt mir ein, dass du mir helfen könntest. Heute höre ich eh bald auf zu fahren, weil der Hahn gleich krähen wird. Aber am nächsten Donnerstag kannst du hier um 11 Uhr eine tiefe Grube graben. Und wenn ich dann mit dem Weib den Berg herunter komme, so werfe ich sie – wie zufällig – in das Loch und du kommst und vergräbst sie. Ich will's dir auch gut löhnen!"

Konopka bekreuzt sich und meint, mit dem Teufel wolle er nichts zu tun haben. Doch schließlich lässt er sich bereden. Er gräbt die Grube, der Teufel wirft die alte Frau hinein und Konopka verscharrt sie.
Der Teufel sagt: „Geld habe ich nicht, aber höre zu! Ich werde in Angerburg im Schloss spuken. Dann kommst du und erklärst, dass du mich bannen kannst. Dafür verlange 100 Taler. Danach werde ich mich nach Steinort ins Schloss begeben. Melde dich dort auch und verlange vom Grafen für das Bannen 200 Taler. Damit sind wir quitt. Versuche ja nicht, mich weiter zu vertreiben – wo ich auch sein sollte. Sonst wird es dir schlecht ergehen."

Mit dem in Angerburg und Steinort verdienten Geld verbessert Konopka seine Wirtschaft und glaubt, nun ruhig leben zu können. Doch nach einem Jahr erreicht ihn die Nachricht, dass im Berliner Schloss der Teufel spuke und jemand gesucht werde, ihn zu bannen. Konopka bleibt zwar, eingedenk der Warnung des Bösen, still, doch der Graf von Steinort hat schon längst seinen Namen nach Berlin gemeldet.

Konopka hat keine Wahl, er muss nach Berlin ins Schloss. Dort angekommen, erbittet er sich in seiner Not drei Tage Bedenkzeit. Das Herz voller Sorge, was zu tun sei, treibt sich Konopka in den Straßen Berlins umher. Da fällt ihm am dritten Tag eine alte Frau in die Augen, die ganz so aussieht, wie das Weib, das der Teufel gefahren und er verscharrt hat.
„Die ist's, die kann mir helfen!", sagt er erleichtert zu sich selbst. Sodann lässt er sich mit ihr in ein Gespräch ein und erfährt, was er wissen muss.

Am nächsten Tag erscheint er im Schloss und gibt an, für seinen Bann eben diese Alte zu benötigen. Nachdem man sie geholt hat, warten sie gemeinsam auf den Teufel.
Als der sich um Mitternacht polternd ankündigt, reißt Konopka schnell die Tür weit auf und ruft ihm zu: „Da hast du dein Weib, ich habe sie nicht vergraben!"

Der Teufel erschrickt, fängt an zu zittern und spricht: „Konopka, nimm sie zurück. Ich werde auch von hier fortgehen und nie mehr hier spuken!"
„Mag es denn sein", entgegnet Konopka und lacht sich ins Fäustchen.

Der Berg aber, an welchem er das alte Weib vergraben hat, wird seit jener Zeit der Konopka-Berg geheißen.

Übrigens ...

Der polnische Name für Schwenten ist Ogonki. Das ehemalige Angerburg heißt heute Węgorzewo. Das Städtchen liegt am nördlichen Ende des Mauer-Sees (Jezioro Mamry) und ist eines der touristischen Zentren der nördlichen Masurischen Seenplatte. Zwischen Angerburg und dem Nieder-See (Jezioro Nidzkie) erstreckt sich auf mehr als 60 Kilometern Wasser. Die Ordensburg in Angerburg datiert aus dem 14. Jahrhundert. Sie brannte 1945 völlig aus und wurde später wieder aufgebaut.
Interessant, dass sich im 17. Jahrhundert auch Schotten hier ansiedelten.
Die bekanntesten Bewohner des heute total verwahrlosten Schlosses Steinort (Sztynort) waren der zu den Verschwörern des 20. Juli 1944 zählende Heinrich Graf von Lehndorff und dessen Neffe Hans Graf von Lehndorff. Dessen „Ostpreußisches Tagebuch" gehört zur – gleichermaßen informativen wie unterhaltenden – Pflichtlektüre eines jeden Masuren-Reisenden.

Die Rache des Bösen

Einst hat der Teufel in einem Dorf an der Gilge gespukt und die Fischer durch sein Poltern und Rumoren und das höllische Gelächter, das aus einem halbverfallenen Haus ertönte, erschreckt.

Da holte man einen katholischen Priester. Der ließ einen Kahn bereithalten und verbot den Männern, während seines Tuns zu sprechen oder zu lachen.

Dann lockte er den Teufel auf den Kahn und ruderte mit ihm auf die Mitte des Stromes. Hier beschwor der Priester den Teufel, so dass er einer Feuerkugel gleich ins Wasser zischte. Nur einer der Fischer achtete nicht des Gebotes. Er lachte laut und rief: „Nu häbb' wie dem Diewel verseept!"

Als dieser Mann ein Jahr später zur selben Stunde über den Strom fuhr, warf eine aufkommende Welle sein Boot um, so dass er ertrank.

Übrigens ...
Ungefähr zehn Kilometer unterhalb von Tilsit (Sowjetsk) teilt sich die – in Litauen Nemunas geheißene Memel – in zwei Arme. Der rechte, größere trägt den Namen Ruß, der linke Gilge.

Ostpreußen war und ist ein Paradies für Angler

Die unheimliche Kutsche

In der Neujahrsnacht kommt auf der Landstraße von Maraunen nach Wartenburg ein schwarzer Wagen zur Stadt gefahren. Vor dem Kapellchen am Wasserturm biegt er auf die Felder ab, da er am Bild des Gekreuzigten nicht vorbeifahren darf. Bespannt ist der Wagen mit vier Rappen, doch er fährt nur auf einem Rad. Im Innern sieht man eine brennende Laterne und ein schwarzes Gesicht mit blitzenden Zähnen und zwei Hörnern.

Einmal kam ein Mann die Landstraße von Maraunen her. Er hatte am Silvesterabend in Alt-Wartenburg Musik gemacht. Unterwegs überholte ihn der Wagen und nahm ihn auf seine Bitte hin mit.

Doch kaum war er eingestiegen, als sich der Wagen in die Luft erhob. Der Mann schrie und wollte aussteigen, doch half ihm das nichts. Da rief er in seiner Angst: „Heilige Jungfrau, erbarme dich!"

In demselben Augenblick wurde er aus dem Wagen geschleudert und verlor die Besinnung. Als er wieder zu sich kam, lag er auf einem Feld in der Nähe von Klein-Danzig.

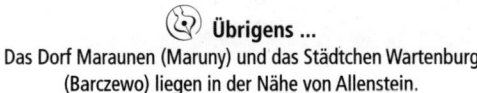

Übrigens ...
Das Dorf Maraunen (Maruny) und das Städtchen Wartenburg
(Barczewo) liegen in der Nähe von Allenstein.

Der unheimliche Hochzeitsgast

Einst wünschte sich eine Braut ein rotes Hochzeitskleid – und wenn es vom Teufel wäre. Da hat ihr ein feiner Herr das Gewünschte gebracht und ist auch zur Hochzeit geblieben. Als er abends mit der Braut tanzte, sahen die Musikanten, dass er einen Pferde- und einen Menschenfuß hatte und haben gleich ein geistliches Lied gespielt.

Da hat sich der feine Herr hinter dem Ofen versteckt und hat Holzspäne unter die Gäste geworfen. Dem Bauer blieb nichts anderes übrig, als den Pfarrer zu holen. Der hieß ihn vier Pferde anspannen und fuhr dann zusammen mit dem feinen Herrn los.
Zuerst begegneten sie einem Betrunkenen. Der Teufel hat gefragt, ob er in den hineinfahren könnte. Das hat ihm der Pfarrer aber nicht erlaubt. Dann kamen sie zu einem Erlenbruch. Der Teufel fragte wieder und diesmal gab der Pfarrer seine Erlaubnis.
Er hat den Teufel noch ein Stück tragen müssen, wovon ihm gleich die Schuhe aufgeplatzt sind.

Dann ist der Teufel in das Bruch reingefahren, dass es ordentlich gekracht hat.
Bis heute soll es dort noch spuken.

(☺) **Übrigens ...**
Als der oder das Bruch wird der tief gelegene Übergangsbereich zwischen Sumpf
und Moor bezeichnet, der oftmals aus einem verlandeten See entstanden ist.

Hochzeitstrachten aus Pomehrendorf bei Elbing

Der hilfreiche Teufel

Nach altem Glauben soll auf Galgenbergen der Teufel hausen und die Wünsche derjenigen erfüllen, die ihm eine unschuldige Seele opferten.

Ein Mann aus Angerapp, der sein Vermögen verschwendet hatte, lockte nun in einer finsteren Nacht ein kleines Kind mit auf einen solchen Berg, rief dreimal laut den Namen des Teufels und bot ihm das Kind für eine große Summe an.

Als jedoch eine heisere, meckernde Stimme nach seinem Begehr fragte und eine dunkle Gestalt auf ihn zukam, verließ ihn der Mut und er rannte wie toll in die Stadt hinunter.

Das Kind aber wurde noch in der gleichen Nacht von seinen Eltern auf dem Galgenberg aufgefunden, wie es mit einigen fremden Münzen spielte. Es berichtete, dass der eine Onkel nach dem Erscheinen des anderen fortgelaufen sei. Letzterer habe ihm dann die Münzen zum Spielen gegeben und gesagt, er solle sich nicht fürchten.

Die Münzen wurden am andern Tag wieder auf dem Galgenberg vergraben.

 **Übrigens ...**
Darkehmen wurde 1615 erstmals als Dorf erwähnt und 1726 zur Stadt erhoben.
Hier siedelten nicht nur Franzosen, sondern auch Salzburger. Nach 1938 wurde
der Ort, nach dem gleichnamigen Fluss, in Angerapp umbenannt und heißt
heute auf Russisch Osersk.

Das geopferte Kind

Als vor vielen Jahren in der Niederung die Rautenburger Mühle errichtet wurde, wollte der Bau nicht so recht gelingen. Jeden Morgen fand man das Gemäuer umgestürzt.

Da kam eines Tages eine alte Frau und verkündete gewisslich: „Hier hat der Teufel seine Hand im Spiel. Er verlangt eine unschuldige Seele. Wenn der Bau fertig werden soll, solltet ihr nicht zögern, ein kleines Kind einzumauern."

Es fand sich auch eine herzlose Mutter, die ihr zweieinhalbjähriges Kind für viel Geld hergab. Sie kaufte ihm noch für einen Dittchen Kuchen und eine Flasche Milch und sagte ihm, als sie sich zum Gehen anschickte, dass sie bald zurückkommen werde. Doch statt ihrer kamen die Handwerker, die das Kind einmauerten.

Der Teufel hatte, was er wollte, und der Bau blieb stehen. Doch wenn man am Abend an der Mühle vorbeikam, soll man immer das Wimmern des Kindes gehört haben.

Die Mutter hat sich später im Mühlteich ertränkt. Doch der Teufels blieb in der Mühle. Im Laufe der Zeit sind in ihr dreizehn Müllergesellen in die Räder geraten. Und 1914 brannte die Mühle gar ab.

Übrigens ...
Als „Niederung" wurde der nordöstlichste Teil Ostpreußens bezeichnet.
Das wasserreiche Land um das Mündungsdelta der Memel – das einst von
holländischen Spezialisten durch Kanäle und Deiche gegen die verheerenden
Überschwemmungen gesichert wurde – gehört heute zum Kaliningrader Gebiet.

Die betrügerische Krügerin

In der Kirche zu Schwarzstein, in der Nähe von Rastenburg, erinnern zwei Hufeisen an eine geheimnisvolle Geschichte aus dem Jahr 1473.

In Eichmedien wohnte damals eine Krügerin, die beim Bierausschenken ihre Gäste betrog, indem sie zuviel anschrieb. Als man sie dabei ertappte, schrie sie, dass sie der Teufel mit Leib und Seele auf der Stelle wegnehmen solle, wenn sie auch nur einen betrogen habe.

Da kam der Leibhaftige in die Stube und flog mit der Krügerin davon. Draußen hat er sie in ein schwarzes Pferd verwandelt und ist noch in der selben Nacht auf ihr nach Schwarzstein vor die Schmiede geritten. Dort hat er den Hufschmied aufgeweckt und ihm sein Pferd beschlagen geheißen – vorgebend, dass er wichtige Post zu befördern habe. Auch hat er ihm doppelten Lohn versprochen.
So hat sich denn der Schmied mit seinen Gesellen an die Arbeit gemacht. Dabei trieb sie der Teufel immer wieder zur Eile an. Als sie zwei Eisen fertig hatten, ist der Schmied zu dem Pferd gegangen, um sie ihm aufzumessen.
Da hat aber das Pferd angefangen zu reden: „Nur sachte Gevatter, ich bin die Krügersche von Eichmedien."

Da ist der Schmied samt seinen Gesellen vor Schrecken halb tot gewesen und die Arbeit ist ihnen gar nicht mehr von den Händen gegangen. So verging die Zeit und als der Hahn zu krähen begann, ist das Pferd wieder ein Mensch geworden. Aber der Teufel ist hinausgegangen und hat die Krügersche dreimal auf das Maul geschlagen, ehe er verschwand.

Die Teufelsfinger sind ihr als Wahrzeichen im Gesicht geblieben und wie Teer geronnen gewesen. Sie hat zwar noch ein halbes Jahr nach diesem Geschehnis gelebt, aber ohne Verstand. Sie hat noch nicht einmal mehr richtig reden können. Danach ist sie dann verstorben.

 **Übrigens ...**

Aus dem deutschen Schwarzstein wurde das polnische Czerniki. Die meisten Besucher, die nach Rastenburg (Kętrzyn) kommen, nutzen die Stadt nur als Durchgangsstation, um zu Hitlers „Wolfsschanze" zu fahren. Dabei gibt es hier durchaus Sehenswertes – wie eine kleine Ordensburg und die imposante Georgskirche, ein backsteinerner Wehrbau aus der Mitte des 14. Jahrhunderts mit einem schönen Zellengewölbe.

Alte Schmiede

Der Teufelsstein

In der Nähe von Friedrichswalde liegt ein Findling, der den Namen Teufelsstein trägt. Dazu wird folgendes erzählt:

Vor vielen, vielen Jahren wollte man in einem Dorf bei Treuburg eine Kirche bauen. Die Handwerker waren gerade dabei, die Fundamente zu Ende zu bringen, da hörten sie plötzlich über sich ein lautes Brausen und Sausen, und auf einmal stand der Teufel vor ihnen. Er fragte die Leute, was das für ein Bau werden sollte und bekam zur Antwort: „Ein Gasthaus!" Da freute sich der Teufel und verschwand.

Als der Bau so weit fortgeschritten war, dass die Fenster eingesetzt werden konnten, erschien der Teufel erneut. Er sah, dass ihn die Leute belogen hatten und hier eine Kirche entstand. Darüber geriet er so sehr in Wut, dass er den Altarstein nahm, ihn in sein Taschentuch wickelte und davonflog.

Doch unterwegs zerriss das Taschentuch und der Stein flog herunter und liegt bis heute eben an derselben Stelle bei Friedrichswalde.

Übrigens ...
Friedrichswalde heißt heute Chicholaski und liegt im Kreis Goldap, dem polnischen Gołdap. Das Städtchen auf dem preußischen Landrücken, am Fuße der Seesker Höhen (Gora Szeska), die etwas mehr als 300 Meter erreichen, ist Ausgangspunkt für Exkursionen in die Rominter Heide (Puszcza Romincka).

Der Große Friedrichsgraben

In alten Zeiten hieß die Brücke, welche an dem Zusammenfluss von Deime und dem großen Friedrichsgraben liegt und später von dem Besitzer des gegenüberliegenden Hauses Adamsbrücke genannt wurde, die Teufelsbrücke.

Mit ihr hat es folgende Bewandtnis: Zur Zeit, als der Große Friedrichsgraben angelegt wurde, hatten der Teufel und seine Familie ihre Wohnung an jener Stelle, wo der Graben mit der Deime verbunden werden sollte.
Die Arbeit war so weit vorgerückt, dass man diese Stelle durchstechen wollte, aber vergebens: Denn das, was man tagsüber gegraben hatte, war an dem folgenden Morgen wieder zusammengefallen.
So ging es Wochen und Monate und es blieb zuletzt kein anderer Rat, als dass ein Schwarzkünstler geholt wurde, der mit dem Teufel reden sollte.
Aber der Teufel wollte den Ort nicht verlassen. Er sagte unter anderem: „Ich wohne hier schon so lange, nämlich zu der Zeit, als hier noch Buchweizen gesät wurde." Als er endlich auf den Handel einging, verlangte er so viele Menschenseelen für seinen Abzug, dass der Schwarzkünstler unmöglich darauf eingehen konnte.
Schließlich schien der Teufel nachzugeben. Er wollte nur die Seele eines einzigen und zwar desjenigen, der Butter auf Speck schmieren und so essen würde. Und zum Abzug für sich und seine Familie dreißig Kähne.
So wurde man den Teufel tatsächlich los und konnte die Arbeit am Großen Friedrichsgraben zu Ende bringen.
Nach einiger Zeit begab es sich aber, dass das Volk in jener Gegend sehr übermütig wurde – so reichen Gewinn brachten die Fischerei und die Ackerwirtschaft. Da sprach ein Bauer: „Wir haben lange nicht so gute Zeiten gehabt. Jetzt aber besitzen wir so viel, dass wir Butter auf Speck schmieren und essen können!"

Wie gesagt, so getan. Aber kaum war es geschehen, so versank er auf der Stelle und wurde so der Preis für den Abzug des Teufels.

☺ Übrigens ...

Der Große Friedrichsgraben wurde zwischen 1689 und 1697 angelegt. Die knapp 20 Kilometer lange, zwei Meter tiefe und – seit 1881 – etwa 40 Meter breite Wasserrinne verläuft parallel zum südlichen Ufer des Kurischen Haffs. Die Deime ist ein Arm des Pregels. Bereits 1395 ließ der Deutsche Orden das Bett des knapp 40 Kilometer langen Flusses vertiefen und vier Schleusen anlegen.

Die Hexe und der Teufel

In einem kleinem Dorf lebte vor vielen Jahren eine alte Frau, von der die Leute erzählten, dass sie hexen könne.

Jedem, der zu ihr kam, bot sie kleine Quarkkäschen zu essen an. Und wer davon nahm, wurde sterbenskrank. Doch die Frau, die ja selber mitaß, blieb gesund und rüstig. So kam es, dass kein Dienstbote mehr bei ihr bleiben wollte.

Eines Tages kam nun ein junger Bursche ins Dorf und fragte nach Arbeit. Der Wirt verwies ihn an die Alte, erzählte ihm aber auch, welche zauberische Macht sie habe. Doch der Bursche lachte nur und meinte, wenn das so wäre, könne er sich ja noch etwas verdienen, wenn er die Alte dorthin brächte, wo sie hingehöre.

Am nächsten Morgen ging er zu der Beredeten und fragte nach Arbeit. Sie behielt ihn gleich. Dann sagte sie, er müsse wohl Hunger haben und brachte einen Teller mit Quarkkäschen auf den Tisch.

Der Bursche nahm sich ein Stück. Doch ehe er hinein biss, machte er ein Kreuz.

Da zersprang plötzlich der Käse und eine schwarze Gestalt sprang heraus. Diese stürzte sich auf die Alte und sauste mit ihr, Qualm und Gestank zurücklassend, durch den Schornstein davon.

Der Bursche aber ging zum Pfarrer. Dieser weihte das Haus, das fortan dem Burschen gehörte. Denn ein anderer wollte hier nicht wohnen.

Zimmer eines memelländischen Hauses

ORTSREGISTER

ZU DIESER AUSGABE

Für vorliegendes Buch wurden Texte aus verschiedenen Sammlungen übernommen und zum Teil leicht bearbeitet.

Als hauptsächliche Quellen dienten: Die Volkssagen Ostpreußens, Litthauens und Westpreußens von W. J. A. v. Tettau und J. D. H. Temme, Berlin 1865; Die Volkssagen Ostpreußens von E. Pohl, Königsberg 1943; Die Sagen des Preußischen Samlandes von R. F. Reusch, Königsberg 1838; Deutsche Sagen von den Brüdern Grimm, 2 Bde., Darmstadt 1959; Deutsches Sagenbuch von Ludwig Bechstein, 1853; Ostpreußisches Sagenbuch von E. Krollmann, Leipzig 1915.

Die Bildvorlagen stammen aus den Archiven des Verlages beziehungsweise des Herausgebers.

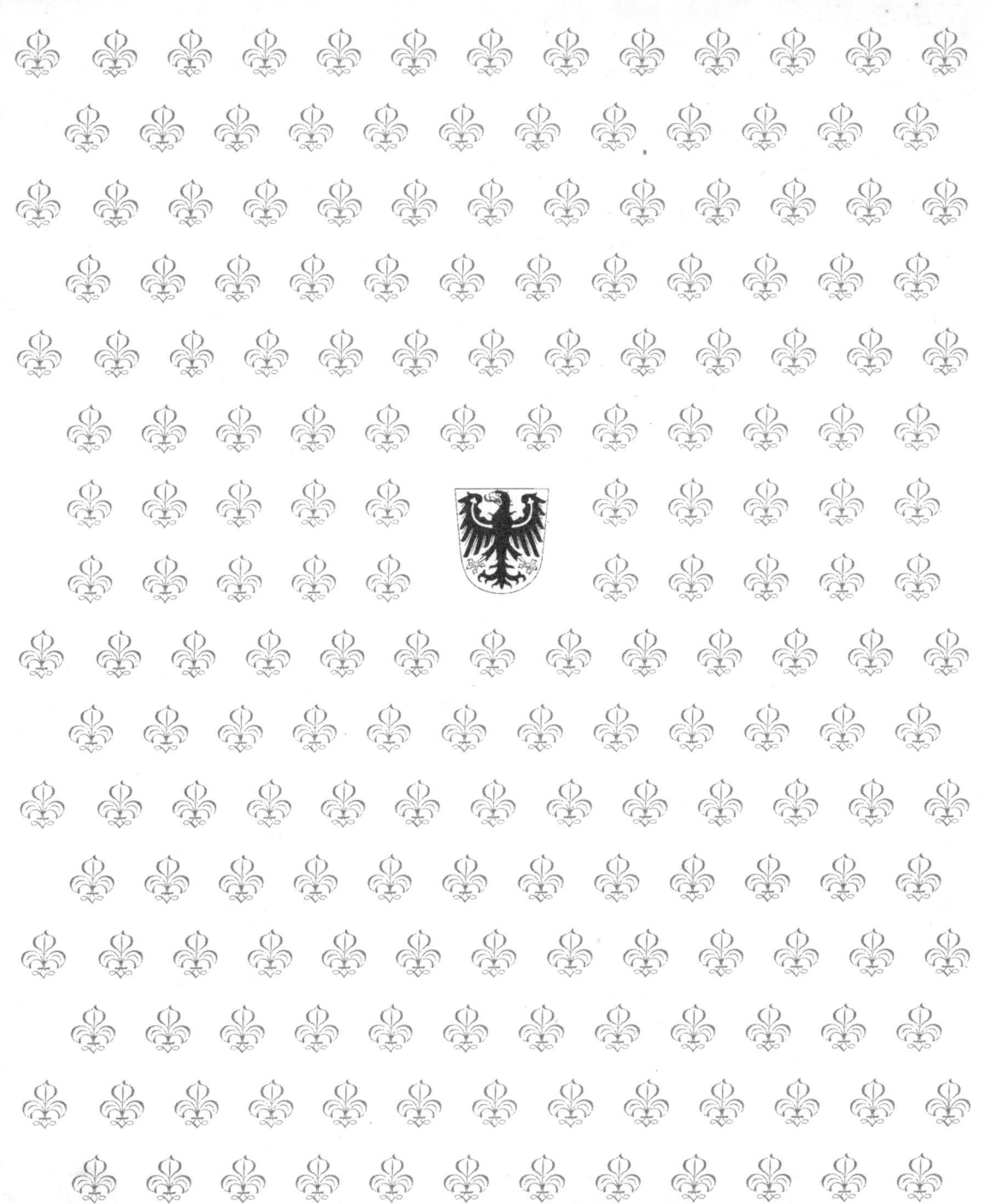